El libro de copywriting

El libro de copywriting

ISRA BRAVO

alienta
EDITORIAL

Alienta es un sello editorial de Centro de Libros PAPF, SLU.
Av. Diagonal, 662-664
08034 Barcelona
www.planetadelibros.com

Primera edición: abril de 2023
Depósito legal: B. 4.493-2023
ISBN: 978-84-1344-247-1
Preimpresión: Maria García
Impreso por Blackprint CPI

Impreso en España - *Printed in Spain*

El papel utilizado para la impresión de este libro está calificado como **papel ecológico** y procede de bosques gestionados de manera **sostenible**.

Para entendernos, 2017 fue mi año muerto.

Del 2018 al 2020, el trienio vivo.

Del 2021 al 2023, el trienio mojado.

Y del 2024 al 2026, el trienio nada.

Este libro que tienes entre manos, publicado en 2023, pertenece al trienio mojado. Vendrán varios libros más en los próximos tres años.

Entonces, en 2027, cuando lleve una década en mi carrera como copywriter, veremos lo que hacemos.

Seguro que mandaré un e-mail diario a los miles de personas que están en mi lista, es lo único seguro.

Incluso después de muerto lo haré. Está todo pensado.

Nada podrá cambiar eso.

Ya lo verás.

Sumario

Introducción

Decidí aguantar

Fui a pasar la semana a Bilbao.

Tenía doce reuniones. Me vería con algunos de los abogados, fiscalistas, asesores financieros y bancas de inversión más prestigiosos de la ciudad. Debía dar forma al monstruo que había creado en los últimos años. Me había convertido en el copywriter más famoso del mundo en habla hispana. Y lo más gracioso es que casi nadie sabe lo que es un copywriter. Pero tenía montones de entrevistas en periódicos, radio, televisión, podcast... Recibía premios como el de Mejor Copywriter de Habla Hispana en galas de esas oficiales con muchas autoridades. Me reclamaban en España, en Miami, Colombia, México, Argentina, Portugal... escuelas de negocios, universidades, empresas, medios... Ya no era sólo un copywriter, era un empresario, una marca. En mi interior seguía siendo aquel tipo que para salir de su desesperación vital tenía que escribir desde un cuartucho oscuro en su casa alquilada de Gijón, pero ahora me recibían en la banca de inversión como si fuera alguien. En definitiva, sólo era y sólo soy un escritor. Un tipo —siempre lo seré— que necesita escribir para calmar su tormenta. Nada de ese éxito se me ha subido a la cabeza porque yo no quiero curarme de mis taras. Sé que soy alguien con una gran tormenta dentro de mí, pero, insisto, no quiero curarme. Ni ser más feliz, ni estar en paz. Yo quiero escribir. Eso es lo único que quiero.

No me importa gustar a nadie, no quiero ser perfecto, ni equilibrado, no quiero ver la luz, no quiero escapar del laberinto, ni esquivar la pesadilla, quiero escribir. Sin miedo, todo daño emocional que reciba será bienvenido. Mientras pueda escribir, todo estará bien dentro de mí. No me preocupa hacerlo mejor o peor, sólo necesito hacerlo.

Eso es todo lo que necesito, escribir. Y gracias a escribir, estaba esa semana en Bilbao siendo tratado como un faraón por algunas de las personas más influyentes de la ciudad. Querían conocerme, tenían mi primer libro en sus despachos y se interesaban por mí y por mis cosas.

Estuvo toda la semana lloviendo. A las 11.00 horas parecía de noche, el norte es así. Duro, pero acogedor si sabes adaptarte a su ritmo. Una tarde, después de un día sin descanso decidí hablar con mi pequeña, que estaba a cientos de kilómetros.

—Amor, salgo en TVE este sábado.

—¡Quiero verte!

—Pero antes debes saber algo.

—¿Qué?

—Cualquier imbécil puede salir en televisión.

—Papi, tú no eres imbécil.

—Hay gente que no estaría de acuerdo contigo.

—Da igual, tú no eres imbécil, eres Isra Bravo y tienes muchos fans porque escribes todos los días.

—Cualquier idiota puede tener fans.

—Papi, no eres idiota.

—Cualquier idiota puede escribir todos los días.

—Me debes la paga.

—Vale. Te quiero.

—Y yo.

Colgué y justo en ese momento me vino a la cabeza cuando tenía terror de no poder mantenerla. De cuando empecé con el negocio, sin dinero, sin contactos, sin nada.

¿Mi mayor preocupación? Que necesitara un aparato de dientes y no tener con qué pagarlo. Fíjate qué tontería, cada uno tiene sus cosas, está claro. Y mi gran preocupación era que mi pequeña necesitara un aparato de dientes y el inútil de su padre no se lo pudiera pagar. Aquello me obsesionaba. Al final necesitó aparato de dientes, pero por fortuna se lo pude pagar. Y de todo aquello me acordé en aquel hotel de Bilbao en uno de aquellos días lluviosos y oscuros que tanto me gustan del norte.

De aquella semana, recuerdo especialmente una conversación. Fue con un asesor financiero. Tenía mi primer libro encima de la mesa y aunque me dijo que sí, enseguida supe que no se lo había leído. No me molestó. El mundo no gira a mi alrededor, no soy tan pardillo. Estábamos cuatro personas en aquella sala y dos de ellas se levantaron para hablar por teléfono. Entonces, aquel asesor me preguntó:

—¿Cómo fueron tus primeros días en el negocio?

—Pues supongo que como la gran mayoría, sin un puto duro y con unas ganas tremendas. Ahora sólo tengo las ganas, así que vamos empeorando.

Nos reímos. Me preguntó por el «secreto» de mi éxito. ¿El secreto de mi éxito?

Cuando era un niño me crié en un barrio bastante humilde del sur de Madrid. De esos donde las madres te advertían que jugaras con cuidado en el parque para no pincharte con la jeringuilla de algún yonki. En aquel barrio había una cancha de fútbol y otra de baloncesto. Las redes de las porterías y de las canastas duraban menos de dos horas y a la tercera vez, el ayuntamiento dejó de reponerlas. Más tarde se llevaron las porterías y las canastas. Así que sólo había dos solares asfaltados donde los niños poníamos las camisetas para marcar los postes de las porterías. Allí íbamos todas las tardes a jugar, sin excepción. La ley no escrita en los barrios es que cuando vienen los mayores, tú te largas.

Yo nunca eché a ningún niño más pequeño que yo, pero tampoco dejé que me echaran a mí. Era un crío tímido, pero lo suficientemente raro o loco como para preferir que me pegaran a que me sacaran de la pista. Entonces, cuando estaba jugando con mis amigos y venían los mayores, mis amigos siempre se iban y yo me quedaba. Me daban pelotazos en la cabeza, patadas, de todo, pero seguía con mi balón jugando ahí, solo. Mis amigos se quedaban mirando desde fuera, viendo cómo los mayores me daban pelotazos y me insultaban. Aquello no me gustaba, pero largarme me gustaba menos. Con el tiempo, éstos dejaron de pegarme y me invitaron a jugar con ellos. Y logré que otros pocos amigos que tenía de mi edad pudieran jugar aquellos partidos con los mayores y conmigo. Mis amigos me admiraban mucho por lograr eso. En el barrio nadie nos largaba de la cancha y fue por aguantar. Me llevé muchas hostias desde niño y aguanté, tuve miedo y aguanté, tuve ganas de irme a mi casa a llorar y aguanté. Tuve ganas de desaparecer y aguanté. Quise morir y aguanté. Aguanté, aguanté y aguanté. No soy más listo que los demás, no soy más fuerte, no tengo más talento, pero aguanto más que ningún tipo con el que me haya cruzado. Tengo una perseverancia infinita. Sé aguantar. Quizá no sepa hacer otra cosa. Pero sé aguantar.

Ese es el secreto de mi éxito.

1

Un enano, un borracho y un bastardo. VENDER TARADO

Defectos.

Me encantan los defectos, las taras, la gente rara y con obsesiones. Me gusta mirarlos, ver lo que hacen, cómo lo hacen. Me gusta beber cerveza y observar y hablar con ellos. Errores, taras, miserias... Hay una gran historia con un gran bastardo y un gran enano que nos enseña mucho de la vida y de cómo vender nuestras cosas.

Me refiero al bastardo de *Juego de Tronos*, Jon Nieve y a Tyrion, el enano.

Bien.

Tyrion Lannister y Jon Nieve se encuentran en el patio de Invernalia, no se conocen oficialmente. Jon se dirige a Tyrion y le dice:

—Tú eres Tyrion Lannister, el hermano de la reina.

—Mi mayor logro. Y tú eres el hijo bastardo de Ned Stark, ¿no?

Jon le mira dolido (es un bastardo, pero es un chico sensible), se da media vuelta y empieza a caminar para irse. Tyrion le dice:

—¿Te he ofendido? Lo siento.

Jon se gira hacia él y Tyrion sigue (el enano es muy cabronazo, pero sabe lo que hace):

—De todas formas, eres el bastardo.

—Lord Eddard Stark es mi padre.

—Y Lady Stark no es tu madre, lo que te convierte en un bastardo. Te daré un consejo, bastardo. Nunca olvides quién eres. El resto del mundo no lo hará. Úsalo como armadura y así nunca podrán usarlo para herirte.

—¿Qué sabes tú lo que significa ser un bastardo?

—Todos los enanos son bastardos a los ojos de su padre.

Entonces el enano bebe un trago de vino y se va.

Aquí hay algo muy importante para la venta y para la vida: no dejes que nadie te joda por tus defectos o taras. Sean ciertos o no. Los sientas o no. Duelan o no. Que nadie te haga daño por tus defectos. Como dice Tyrion, utilízalos como una armadura. Si no tienes estudios, dilo (ojo, no presumas, no vayas con ese rollo de la *universidad de la vida*, de algo así uno ni presume ni se avergüenza). Si tuviste un fracaso sonado empresarial o personal que alguien puede utilizar contra ti, dilo. Si no tienes soporte en alguna formación no dejes que otros digan: «Bah, no tiene soporte». Dilo. La psicología de todo esto es sencilla: no dejes que nadie utilice tus miserias contra ti. Haz que sean tu armadura, tu fortaleza, tu defensa. Todo lo que hagas en la vida a partir de ahora te irá mucho mejor si tienes claro este ángulo. No te avergüences, no dejes que te debiliten por ahí, aprópiate de lo que los demás podrían utilizar contra ti.

Te pongo un ejemplo de cómo aplicarlo al copywriting. Más de una vez he comentado el caso de un cliente al que no sólo no le hice vender más, le hice vender menos. Lo he comentado en e-mails y en entrevistas.

Una vez me contrató un cliente, le hice el trabajo y no sólo no obtuvo resultados, es que se los empeoré. Obviamente no me siento orgulloso, pero no puedo (ni quiero) esconder eso. No puedo dejar que nadie lo utilice contra mí, así que hablo de ello y gracias a eso y en contra de lo que algunas personas puedan pensar, refuerzo mi autoridad transmitiendo seguridad, confianza y liderazgo. Este caso es un defecto feo de verdad, es empeorar resultados. No es simplemente no tener resultados, no, es ir más lejos, empeorarlos. ¿Qué sentido tiene que ahora nadie diga que empeoré resultados a un cliente? Ya lo digo yo. Soy un bastardo y soy el enano. Ya lo digo yo.

El amigo borracho

Hay que tener un amigo borracho. No ser tú el borracho, tiene que serlo tu amigo.

Cuando tratamos con personas, nos comparamos con ellas. Siempre lo hacemos, es nuestra naturaleza. Sabiendo esto, hay un ángulo psicológico muy a tener en cuenta. Por eso es importante el ángulo del amigo borracho. Cuando tú tratas con cualquier persona, y es algo que podrás observar a partir de ahora, sólo te vas a relajar si te sientes a la par o ligeramente superior. Si es así te vas a relajar. Estarás cómodo. Sin embargo, podrás observar a partir de ahora que si estás con una persona que te parezca mucho más inteligente, culta o rica que tú, no te relajas. No estás tan cómodo. Para entendernos, si alguien te hace sentir pequeño, no te relajas. Eso es malo para la venta, porque para vender no queremos a nadie a la defensiva. Les tienes que relajar.

Mira.

Tu amigo el borracho es un paria, tiene un trabajo de mierda, te da pena. Inevitablemente, te hace sentir superior. Te sientes mejor, tú te lo has montado mejor, que no eres tan idiota como él. Te relajas.

Pero hay algo mucho mejor que despreciar a un borracho: es aprender qué te hace sentir y por qué te lo hace sentir. Tenemos que entender la verdadera razón por la cual nos sentimos bien, relajados o superiores con unas personas y con otras, no. Y va mucho más allá de que alguien te caiga bien o te caiga mal. Lo que puedes aprender de tu amigo el borracho bizarro es que te está relajando a ti, precisamente porque está mostrando sus miserias. Al ser un borracho perdedor, tú te relajas, te sientes superior.

Ojo, no escribo para niños, si estás pensando que nunca te has sentido superior o inferior a nadie (lo del amigo borracho es un ejemplo extremo para entendernos), deja de leer. No hay ser humano en la tierra que no haya sentido ambas cosas alguna vez en su vida. Puede que haya tratado de corregirlo (incluso que lo haya logrado, no lo sé), pero lo ha sentido. Sentirse más guapo, más alto, más inteligente, más astuto, menos gracioso, menos poderoso... todo eso está dentro de nosotros. No vamos a discutir esto. No podemos discutir si el ser humano respira.

Sigo.

Sabiendo que el amigo borracho te relaja porque es torpe y que para la venta es muy muy importante que el otro se relaje, ¿qué conclusión podemos sacar? ¿Qué podemos aplicar? ¿Decir que somos unos borrachos? No, evidentemente. Pero lo que sí debemos hacer es mostrar ciertas torpezas, humanizarnos. Ojo, no se trata de hacer eso de cualquier manera y resultar un llorón patético, se trata de humanizarte con tus defectos, que la otra parte se pueda relajar. Ríete de ti mismo en tus e-mails, hazte el despistado cuando toque.

Puedes relajar a la gente si hablas de lo torpe que eres en determinados aspectos, ya sea con la tecnología o con las matemáticas, qué sé yo. O follando. Bueno, eso no lo diría, mejor que lo comprueben. Reírse de uno mismo y mostrar ciertas torpezas es un poderoso estímulo para tu potencial cliente. Te humaniza. Pero no tomes a la gente por estúpida, no digas cosas tipo: «Mi mayor defecto es que soy muy cabezota». Para eso no digas nada.

Eres gordo, calvo, tienes los pies planos, cambias letras al escribir, eres medio cegata, lo que sea. Muéstralo con sentido del humor y harás de manera automática que toda tu audiencia se relaje. Que se sienta cómoda contigo. Casi nadie hace eso en su web. La gente trata de ser demasiado perfecta y eso demuestra miedo. ¿Crees que si cuentas que un día fuiste tan torpe que mandaste un *wasap* al móvil de un cliente al que habías confundido con un ligue y le invitaste a repetir *la escena del ascensor*, la gente pensará que no merece la pena trabajar contigo? ¿De verdad lo crees? Muy mal. No es una mentalidad adecuada para vender. La mentalidad adecuada es pensar: «Ya quisiera estar mi cliente encerrado conmigo en un ascensor». Bueno, haz con esa información lo que quieras.

Yo he utilizado para vender mis servicios de copywriting una historia de una borrachera tan grande que acabé con los zapatos de otro tío y fue uno de los e-mails que más contactos me proporcionó. Soy un ser humano. ¿Nunca has bebido? ¿Nunca has dicho ninguna tontería? ¿Eres perfecto? Eso aburre. No es real.

Muchas personas no quieren mostrar su lado torpe o bizarro por miedo a que no las tomen en serio, a que no las respeten, pero eso es absurdo. Si de vez en cuando te ríes de tus defectos y lo haces con sentido del humor pasan dos cosas:

1. Te humanizas. —Vendes más—.
2. Pareces más seguro de ti mismo. —Vendes más—.

¿Cuál es el defecto de lo que vendes? No lo escondas, debes enseñarlo. Hacer eso, mostrar tu defecto, tu rareza, resulta muy atractivo. Quita presión. Relaja. Vende. No olvides a tu amigo borracho.

Mira.

Yo una vez tuve que vender camisetas que eran muy baratas. Eran unas camisetas muy cutres. Lo utilicé en los e-mails, en los anuncios. Aproveché que eran cutres. Ponía mensajes del tipo: «Dicen que lo barato sale caro y que merece la pena comprarse ropa buena que dura más. No lo niego. Pero tener camisetas cutres de esas que lanzarías al fuego de una barbacoa mientras te ríes tomando cervezas con amigos, hace la vida más relajada».

¿Ves a qué me refiero? Tus defectos pueden ser tus fortalezas.

Vale, esto es cuando tú tratas de vender, pero ¿se puede aplicar si alguien te trata de convencer de algo? Claro, y te da una información muy muy poderosa.

Fíjate. Vas a necesitar una gran seguridad en ti mismo porque para esto lo mejor es que te hagas el tonto. Ahora te toca a ti ser el tonto del pueblo. No es fácil, ahora... ¿sabes lo rentable que es? Te lo voy a explicar con un caso práctico. Cuando la situación me interesa mucho, siempre hago pensar al otro que soy muy novato, que necesito que me orienten. Siempre, siempre lo hago. Una vez estaba hablando con un asesor financiero.

—¿Qué sabes de inversiones? —me preguntó.

Le podría haber dicho que, sin ser un profesional en la materia, llevaba años leyendo foros, libros, acudiendo a charlas de inversión. Que sabía distinguir perfectamente los fondos indexados de las acciones sueltas, la renta variable de la fija, los bonos del Estado de los planes de pensiones... Le podría haber dicho que no me gustaban los fondos gestionados por sus altas comisiones y porque rara vez logran batir al mercado... No quiero enrollarme, este no es un libro de inversiones, pero lo que te quiero comentar es que sin ser ningún experto mi cultura financiera es más alta que la media. Soy un gran ignorante en casi todo, en esto también, pero menos ignorante de lo que suele ser habitual sobre cultura financiera en la media. Pero ¿sabes lo que le respondí?

—La verdad es que no tengo ni idea, tengo la Cuenta Naranja de ING y poco más. El único fondo que conozco es el del armario.

Al responder eso, al mostrarme torpe y perdido, podría sacar mucha mejor información sobre qué clase de persona era y qué trataba de venderme. Me daba igual que este tipo pensara que yo era un pardillo y que él y su máster de Economía en Nueva York me daban mil vueltas. También me daba igual que pensara que me podría *sacar hasta la camisa,* todo eso da igual. Cuando tú te muestras torpe y despistado, el otro se relaja y habla más de la cuenta.

Este es un caso práctico de cómo no sólo mostrar tus defectos, sino de reforzarlos. Para entendernos, de que el otro piense que eres medio gilipollas. Hazme caso, a veces esto es muy bueno en la venta y en la vida, que es lo mismo. Entonces este asesor, pensando que yo era otro gilipollas más que iba por su oficina, sacó su verdadera naturaleza. Que era tratar de engañarme. No pasa nada, no me lo tomo como algo personal. Pero me intentó colar unos productos con comisiones muy bestias y con promesas de revalorización que nadie puede prever. No trató de asesorarme honestamente, trató de sacarme algo de dinero. Repito, no me importa, no me enfado por eso, sé cuál es el juego, juguemos. Pero sabiendo que a veces tendrás que parecer gilipollas.

Con esto no te estoy diciendo que de cara a un cliente parezcas tonto, no digo eso. Debes entender los contextos. Esto es muy bueno para cuando te traten de vender a ti. Cuando trates de vender tú, simplemente, haz lo que te conté un poco más arriba. Muestra tus defectos. Sé un bastardo o sé un enano.

O mejor, sé un enano bastardo.

2

¿Serás cabrón?
VENDER SOBRADO

Años atrás, en un curso que hice sobre copywriting, conté algo que me sucedió trabajando en Jazztel y que es absolutamente vital para nuestros negocios, nuestras vidas y nuestras muertes: jamás muestres necesidad.

Te resumo aquella historia y luego te cuento otra de cómo aplicarlo. En Jazztel vendía altas para empresas. No era sencillo porque aunque muchas empresas estaban hasta los cojones de Telefónica, pues eso, muchas veces cambiar da pereza, miedo, más pereza y más miedo. En poco tiempo era el tipo que más vendía. ¿Por ser el más listo? ¿El más guapo? ¿El más alto? Nada de eso. Era el menos necesitado.

¿Cómo?

Mira.

A mí me daba igual Jazztel, la verdad, me daba completamente igual. Sólo quería ganar algo de dinero. Entonces, de casualidad, descubrí que si les decía a los clientes que tenía intención de largarme de la empresa, que pagaban poco y que me iría pronto, ellos me compraban más.

¿La razón?

Muy sencillo. Al decirles, con otras palabras, que me daba igual que me compraran o no porque yo me pensaba largar, todo el argumento previo a lo bueno que era el producto para ellos (yo me largaba porque me pagaban poco a mí, no porque el producto no fuera bueno, recuerda, era eso lo que les decía) mostraba:

- Una falta absoluta de necesidad: «Me da igual que me compres, me voy a largar».
- Una gran credibilidad en los argumentos: «Esto es bueno, yo poco gano, me voy a largar, pero es bueno».

Por tanto, mi argumento era mucho más poderoso y deseable para ellos y el principio básico sobre el que se sostenía era que no mostraba ninguna necesidad. Si me dieran 30 segundos antes de morirme para que le diera algún consejo a un ser querido le diría, agarrando su mano y muy serio y solemne: «No seas gilipollas, no muestres necesidad». Lo mismo yo soy muy bestia o poco profundo o vete tú a saber. Pero no le diría nada del amor, ni de la vida ni del alma ni de nada, eso ya lo descubrirá esa persona por su cuenta. Lo que le diría, un consejo práctico y útil de verdad para la vida en mis últimos 30 segundos es...

Jamás muestres necesidad

En Jazztel, mientras todos mis compañeros hacían cursillos de esos de ventas que no suelen valer para nada más que para aprenderse de carrerilla todas las bondades de Jazztel, yo vendía más que ninguno diciendo a los clientes, con otras palabras: «Me la suda que me compres». Sin arrogancia, siempre debes dar la sensación, siempre, de que te da igual que te acompañen o no, que tú estarás bien. Que te da igual que te compren. Que tú no les necesitas.

Y sí, evidentemente, esto también es muy bueno para follar más.

Cuando vayas a escribir una página de ventas o responder un e-mail, piensa en ello. En follar, no. Bueno, si quieres sí, pero me refería a que pienses en esto de no mostrar necesidad. Siempre, siempre, siempre debe dar la sensación de que no necesitas al cliente con el que estás tratando antes de cerrar el trato. Esto no significa no ser educado, por supuesto, ni correcto, pero debe quedar claro que NO TIENES NECESIDAD. Los seres humanos olemos el miedo, lo notamos, somos depredadores, la necesidad es una debilidad y la debilidad, además de ser muy poco atractiva, juega en tu contra. En cada texto, en cada presupuesto que mandes, en cada reunión, debes dar la total sensación de no necesitar ese trabajo. No es chulería, es sencillamente la herramienta más poderosa que tienes.

Te voy a poner un ejemplo para poder verlo mejor. Pero antes, voy a insistir, mucho. Debes aprender a controlar esa emoción a toda costa. La necesidad. Es sencillo hacerlo cuando no la tienes, pero ¿cuando la tienes? Cuando arranqué mi negocio en 2017, tenía mucha necesidad. Necesitaba clientes, necesitaba dinero, facturar, lo necesitaba de verdad. Andaba muy desesperado. Sin embargo, pude controlar mi necesidad y así fue como lo hice...

Estaba intercambiado algún e-mail con un potencial cliente. Si no me contrataba estaba jodido. Me dijo algo tipo: «Si me lo dejas por 300 euros menos, empezamos mañana mismo». Será hijo de puta... 300 euros menos. Pensé que prefería volver a descargar camiones a que un gilipollas de estos me viniera con mierdas así. Pero me relajé y no me lo tomé por lo personal. Aunque cueste hay que ser más frío, más astuto, más hábil. No empezar a protestar y decirle: «Me la comes, listo». *A ver*, *haber*, *haver*, que esto es lo que te dan ganas de decir, pero no te lleva a ningún sitio. Así que dejé el orgullo a un lado y pensé fríamente en la propuesta. Aquel tipo me estaba insultando. No por pedir una rebaja, no tengo la piel tan fina. Me estaba insultando porque no sólo quería un precio menor, es que daba por hecho que podría empezar al día siguiente. Así que pensé:

> Si acepto esto, es muy posible que me deje tirado. Que al final, con cualquier excusa estúpida, no lo haga. El tío me está validando, me está probado. Si lo acepto sabrá que soy un pobre desgraciado que camina por el fango y que cuando cae la tarde se abre un triste bote de cerveza mientras mira las paredes amarillentas de su cocina. Sabrá que me siento un fracasado, que decepcioné a mi familia, que decepcioné a mi niño interior, a mi pequeño, que nadie me tendió la mano cuando estaba en el agujero. Sabrá que prometí a montones de chicas que algún día sería alguien y lo único que soy es un imbécil dispuesto a empezar al día siguiente por unas migajas. Podría saber todo eso. Podría descubrir todo eso. Me tendré que humillar. Y posiblemente por humillarme me despida antes de empezar.

Así que por un lado, tenía la firme idea de que pasaría de mí si aceptaba. Y además, por otro, me hice un esquema en mi hoja en blanco de Word. Empecé a enumerar las posibles consecuencias de que no saliera ese cliente. Y la situación más dura estaba clara: mi pequeña viviría con su abuela y con su mamá hasta que yo pudiera recuperarme. La situación era muy complicada para mí. Pero acepté ese posible destino. Poniéndome en el peor de los casos, sabiendo que estaba dispuesto a asumirlo, le respondí (aplica este ángulo a tus textos y todo irá mejor):

> No puedo rebajar 300 euros, es más, eres el último cliente al que le puedo ofrecer los precios que te he dado. A partir del siguiente, subirán. Tampoco puedo empezar mañana, no lo haría hasta dentro de 3 semanas, pero para poder mantenerte ese precio, debes reservar mañana con el 50 por ciento como muy tarde.

Al día siguiente tenía el dinero en mi cuenta.

Esto, de una manera u otra, lo probé para mí y mis clientes montones de veces.

Jamás muestres necesidad o pasarás hambre.

3

No.
VENDER NEGADO

Una vez que andaba por Irlanda, me había tomado tres o cuatro pintas de Guinness. Bueno, eso pasaba muy a menudo, no fue una vez, pero para que me entiendas. Entonces entramos en otro pub, yo iba con un amigo, recuerdo su cara, pero no recuerdo su nombre. Cuando entramos nos encontramos una barra muy ancha, con taburetes, un camarero al otro lado y un plato de patatas fritas. Tenía mucha hambre y unas cuantas cervezas encima, entonces no me di cuenta de nada, simplemente vi las patatas y metí la mano. Eso es impropio de mí, no soy tan capullo como para ir metiendo la mano en los platos que me voy encontrando, pero esa vez lo hice, no sé qué pensé si es que llegué a pensar algo, sólo vi patatas fritas en un plato y alargué la mano con la misma naturalidad que si estuviera en la cocina de mi madre.

De repente empecé a escuchar gritos, dos tíos con aspecto agorilado y las mejillas rosadas como el culo de un mandril venían a toda hostia hacia nosotros. Bueno, hacia mí. Mi amigo, el tipo del que recuerdo su cara, pero no su nombre, había desaparecido. Vaya cabrón. No entendía nada, me gritaban en inglés, estaban cabreados, no necesitaba intérprete. Yo les miraba y les comenté que no sabía que las patatas eran suyas: «Sorry, I not understand poteitos for yours» (te traduzco, por si no has ido a la escuela: 'Disculpad, no sabía que las patatas eran vuestras').

Ellos señalaban el plato, joder, parecía que para aquellos gorilas el mundo iba a estallar en pedazos por sus patatas. Dos chicas se acercaron, no parecían conocer a los gorilas de mejillas rosadas como el culo de un mandril. Pusieron calma. Una era guapa. La otra, no. Los gorilas gritaron dos o tres veces más, se llevaron el plato de patatas a una mesa y todo se tranquilizó.

Aprovechando que estaba ahí de pie en medio de un pub al sur de Irlanda con la cabeza sobre los hombros, le dije a la no guapa que si querían ir a otro sitio las invitaba a una cerveza. Me dijeron que sí. Y ahí iba yo, con dos chicas a mi lado, una guapa y otra no, con unas cervezas de más, recién salvado de ser ahorcado por dos gorilas a los que les robé unas patatas. La vida puede llegar a ser muy absurda. Causa de la muerte: robar unas patatas del plato de dos gorilas que hablaban en inglés y tenían las mejillas más rojas que el culo de un mandril. Ya estaba viendo mi epitafio: «Tus hijos ilegítimos, los gorilas y sus patatas no te olvidan».

Pero bueno, nada de eso pasó. Nadie murió aquel día. Al menos en aquel pub. Al menos que yo sepa. Encontramos otro lugar para beber cerveza. Y me senté con mis nuevas amigas. Me dieron bola porque eran españolas y me vieron en un apuro. Eran majas. La guapa tenía buenas tetas. Lógicamente, yo estaba pensando en las tetas de la guapa, así que hablé más con la no guapa. Eso lo sabe todo el mundo. Si quieres hacer algo más que no sea mirar tetas, no puedes parecer un desesperado, así que si hay una guapa y una no guapa, hablas con la que también te acostarías, pero menos. Bueno, ya me entiendes.

Al rato, la no guapa se marchó. Y la guapa se quedó. No me podía creer aquello. No se podía tener tanta suerte. En menos de dos horas había pasado de *ser cacahuetes para gorilas* a tener a una chica guapa enfrente de mí, interesada por mis cosas. Me gustaría poder contar que me acosté con ella esa noche, pero sería mentira. Lo único que pasó es que intercambiamos nuestros teléfonos. Quedamos en que nos mandaríamos un SMS que es como un *wasap* actual, pero de pago. Te lo digo por si has nacido este siglo o por si acabas de aterrizar de alguna nave espacial del planeta *no me entero de nada*.

Bien.

Otra cosa que sabe cualquiera es que si quieres tener una segunda cita, debes dejar que sea la otra parte la que la proponga. A ver, que también puedes tenerla si la propones tú, pero yo prefiero esperar. Ya llegará. No hay prisa. Pero esta chica era guapa, sus tetas también guapas y yo estaba en Irlanda y llovía y estaba oscuro y hacerse pajas bajo la sábana calma 9 segundos, pero deja la piel y los huevos y el corazón fríos, así que le puse un SMS proponiendo la segunda cita. Le propuse quedar un viernes. Le escribí un martes. El jueves no me había respondido. Loca. Rechazarme a mí, un tipo con tanta clase que se sirve él mismo las patatas fritas. El jueves le mandé este SMS:

> Hola, joven. Una cosa, confírmame que no te interesa el plan de mañana, porque acabo de quedar y soy de quedar medio bien.

Me respondió lo siguiente:

—Sí, sí, me interesa, estaba esperando a confirmar con una amiga. ¿Quedamos?

—Mañana no. Propón otro día.

—¿El sábado?

—Tampoco puedo. Mejor te escribo yo la semana que viene.

Lógicamente, no le escribí, no fui tan pardillo por segunda vez. Me escribió ella. Y quedamos. Y nos enrollamos. Así unos meses.

Esto es unisex. Lo puedes aplicar a hombres también, claro. Y a negocios, por supuesto. Por ejemplo, le mandas un presupuesto a un tipo, le das muy pocos días de plazo y cuando se cumpla, le pides que te diga que no para poder pasar a otros proyectos. La conversión es altísima. Todo esto nos los contó Jim Camp. Simplemente funciona. No es infalible, nada lo es. Pero funciona. Mucho. Funciona para la vida y para la venta. Es lo mismo.

Te lo voy a contar con más detalle.

Te invito a leer sin prejuicios. A mí, personalmente, me costó un poco entenderlo al principio. Es un sistema del famoso coach de negociación Jim Camp. Este tipo lo que nos dice es que para lograr un SÍ pidamos un NO. Este es uno de los conceptos más importantes que debes interiorizar. El NO.

Si vas a cualquier curso de ventas, en la mayoría de ellos te hablarán de seguimiento de cliente. Ufff, *seguimiento de cliente*, eso no suena demasiado bien. Entonces te suelen proponer lo siguiente: «Le pasas tu propuesta al cliente y le dices algo tipo: ¿Cuándo te viene bien que te llame? ¿Cuándo podemos volver a quedar para que me des una respuesta?». Eso es un error y un horror.

A ver, haber, haver... No podemos darle al cliente el mango de la sartén. Nunca, en la vida. No podemos hacer eso. Lo único que haces si le das a alguien la sartén y el mango es que te acabe dando un sartenazo en la cabeza. La situación suele ser tan sencilla como que si le preguntas a alguien «¿Cuándo te puedo llamar?», te diga «El día 26». Entonces llega el día 26 y le llamas y aparece tu teléfono en la pantalla y el otro piensa: «Vaya, el brasas este, no me acordaba, a ver qué le digo, bueno, paso».

Esto suele ser lo que pasa. Entonces con esas técnicas de negociación tan malas te quemas, pierdes muchísimo tiempo y dinero persiguiendo a la gente. Es lo peor de lo peor que puedes hacer. Tienes que hacer justo lo contrario, que sea el cliente el que te persiga a ti. El que quiera trabajar contigo sí o sí y para eso le tenemos que pedir un NO. Lo único que harás persiguiendo a un cliente es parecer necesitado y desesperado. No puedes darle ese poder. No puedes. Ya está. Da igual que su empresa sea mucho más grande que la tuya. Debes cotizarte. Y si le das el mango de la sartén, estás jodido. No hay más.

Bien, ¿qué propone Jim Camp? ¿Qué llevo yo años aplicando a los textos cuando vendía servicios y cuando tengo que asesorar a alguien?

Sencillo.

Paso uno.

Presentas una propuesta.

Paso dos.

Le das muy pocos días para que se decida. Esto aumenta considerablemente las conversiones. Si en tu sector te dicen que como mínimo le tienes que dar un plazo de 15 días al cliente, aplica 5.

Paso tres.

Si ha vencido el plazo (recuerda, ha de ser poco plazo, pues convierte más) y no tienes respuesta, pasas al paso cuatro.

Paso cuatro.

Asunto del e-mail: «Por favor, confírmame que NO te interesa».

Paso cinco.

Cuerpo del e-mail, más o menos, esto: «Por favor, si eres tan amable y me confirmas que NO te interesa, te lo agradezco para poder dar paso a otros proyectos. Muchas gracias».

Paso seis.

Esperar. Normalmente responderán en muy pocas horas para decirte que sí lo quieren hacer.

Lógicamente esto no es infalible, nada lo es, pero es insultantemente efectivo. Mucho. Lo importante es saber que cuando tienes un cliente dudoso, no debes perseguirle, no debes dejar que él decida. No puedes hacer eso. Tienes que *forzarle* a que te rechace. También te digo por experiencia que esto es muy contraintuitivo y mucha gente no quiere hacerlo. No es mi problema, desde luego. Pero te invito a que te quites cualquier prejuicio previo, a que me ignores a mí, no tienes que creerme, pruébalo. Vas a ver los resultados y te van a sorprender las reacciones.

Para empezar, tienes garantizado un ahorro de tiempo espectacular. Perseguir clientes es agotador psicológicamente, además de una enorme pérdida de tiempo. Sólo por eso, merece la pena. Aunque convirtiera lo mismo que perseguir, sólo por eso, merecería la pena. Pero es que funciona mucho mejor. Habrá algún cliente que te ignore, muy muy pocos. Otros, bastantes más de la media, que acepten tus presupuestos. Y luego, otros te responderán y te darán explicaciones. Se quedarán con ganas de trabajar contigo. Muy poca gente, muy muy poca, se queda indiferente cuando mandas el e-mail pidiendo que te digan que NO. Y en ellos quedará la sensación de autoridad, de mucho trabajo, de reputación, de escasez y de atractivo que les has transmitido no sólo por no perseguirlos, sino por pedirles que te rechacen.

¿Sabes lo poderoso que es eso?

Eso irá aumentando tu reputación profesional y cada vez tendrás más y mejores proyectos, no lo dudes.

No persigas, no parezcas un necesitado, no les des el poder. El poder debe ser tuyo. O será de otro. Y si hablamos de tu vida o de tu negocio, está claro cuál es la mejor opción.

4

Crear visiones. VENDER FLIPADO

Este concepto también es muy importante para vender con tus textos.

Normalmente, los textos de las webs, de los e-mails, de los anuncios, del «Sobre mí» o «Sobre nosotros» o sobre lo que sea, resultan mortalmente aburridos. O ya no es que resulten aburridos, es que no dicen nada. Son textos ciegos que, de tanto verlos escritos exactamente igual, estás inmunizado, no te provocan ninguna reacción, ninguna emoción, nada. Plano, ciego, muerto.

Bien.

Cuando escribí mi primer curso allá por el año 2017, *Copywriting para atrevidos*, hablé de cómo crear visiones. Y puse el ejemplo de una tienda de mascotas que mandaba un e-mail para vender uno de sus productos. Era uno de esos e-mails que mucha gente habría dicho que están bien, pero no estaba bien. Era un e-mail plano, ciego, muerto.

No decía nada.

Decía más o menos así: «Con este champú se irán esos bichos tan desagradables que molestan a tu mejor amigo, di adiós a las garrapatas con el champú XXX». Después decía las típicas cosas de que en pedidos superiores a 20 euros pues no cobraban gastos de envío y bla, bla, bla. Aprovechaban en el mismo e-mail para hablar de otras promociones y de comida para gatos. No es buena idea. La gente se complica tanto la vida que, cualquier día, alguno va a segmentar y va a escribir unos e-mails para los gatos y otros para los dueños.

En todo caso, la persona que estaba haciendo esa campaña no se esforzó lo suficiente y se dejó un montón de dinero en el camino. Normalmente los negocios escriben poco y escriben flojo. Es imposible *romper* el mercado así. Pero si nos esforzamos, podemos llegar mucho más lejos. Me refiero a lo siguiente, vamos a leer otra vez lo que ponía en el e-mail...

> Con este champú se irán esos bichos tan desagradables que molestan a tu mejor amigo, di adiós a las garrapatas con el champú XXX.

Pues muy bien.

Y yo me pregunto, ¿por qué son desagradables? ¿Por qué le molestan? ¿Estás borracho? ¿Qué coño te pasa? Me lo está describiendo, pero sentir no siento nada.

Vale.

¿Cómo podemos crear visiones?

Lo primero es hacerse las preguntas de arriba. Eso para cada caso. Debes ir más al fondo, más adentro. Una vez me hice las preguntas y me las respondí, este es el ejemplo que puse en el curso. ¿Quieres crear un gran anuncio o e-mail o carta o lo que sea para vender champús antigarrapatas para perros? En ese caso te escribiría algo así:

> Según estás leyendo esto, las garrapatas de tu perro están engordando un poco más.
>
> Con su sangre.

> La garrapata hembra come durante 24 horas y cuando se hincha y está saciada sale al encuentro de un macho.
>
> Esas garrapatas aumentan 4 veces su tamaño y 100 veces su peso rápidamente.
>
> Una garrapata puede poner 3000 huevos a lo largo de su vida, que se convertirán en larvas en pocos días.
>
> En ese momento buscan subirse a su primer hospedador, que puede ser un perro, un gato, un roedor, incluso un ser humano.
>
> Puedes intentar quitar tú mismo las garrapatas de tu perro, pero debes saber que, si te dejas alguna viva, volverá a infectar la casa, las mascotas y saltar en tu sillón o sobre tus propios hijos.
>
> Yo tuve este problema durante años, quitando estos bichos hinchados de sangre con mis propias manos y es una sensación bastante desagradable notar su cuerpo en tus propias manos o imaginarlo subiendo por la espalda de alguien de mi familia.
>
> Lo mejor para acabar con las garrapatas sin miedo a que ninguna quede viva es el champú XXX.

Me da igual que sea para un e-mail o para una carta de ventas. Tienes que hacérmelo ver con claridad y proyectarlo en mi cabeza. No me describas las cosas porque eso es muy aburrido. Me las tienes que hacer sentir. Escribe para hacérmelo sentir. Eres un escritor. Piensas como un escritor. Pero uno de los buenos.

No me lo describas. Pierdes dinero si no te esfuerzas. Si me cuentas las cosas, si me las describes, si no te esfuerzas para que las pueda sentir, no funciona, da igual que hagas 500 cursos de copywriting, de publicidad o de lo que quieras. En las escuelas de marketing no enseñan estas cosas. Y tengo que volver a decirlo, la gente de marketing es la que menos sabe de marketing. Hay excepciones, claro. Y si eres de marketing y esto te ofende, no eres una de esas excepciones.

Recuerda: tus textos deben ser capaces de hacer sentir al lector y eso no puede pasar jamás con una descripción o si te puede la pereza. Cuando alguien los lea, debe ser capaz de sentir lo que dices. Tienes que esforzarte un poco y cuando estés contando algo, profundizar donde esté la emoción.

Ten claro que, muy posiblemente, lo que vendas no sea entretenido, así que debes hacer sentir las cosas. ¿Acaso es entretenido un champú para perros? No. Pero si creas la emoción, entonces ya es entretenido. Mira otra vez el ejemplo de vender un champú para perros. Aburrido es, mucho. Si me dices que mi mejor amigo perro estará muy limpio y no tendrá garrapatas, en cuanto cierre el e-mail no me acuerdo ni de tu anuncio, ni de la garrapata ni del perro. Si me dices que se convertirán en bolas gigantes de sangre que podrán saltar sobre mis hijos... la cosa cambia.

Es lo que hay.

Y no vale eso de «En mi nicho es distinto».

«En tu nicho... *los cojones*.» Esfuérzate.

Te cuento una anécdota personal que lo mismo te ayuda para crear visiones.

Una noche, por la zona del Puente de Vallecas en Madrid, andaba con un amigo. De este sí me acuerdo de su cara y su nombre. Entonces entramos en un garito y pronto nos dimos cuenta de que no había buen ambiente. Casi todo eran hombres. Casi todo eran hombres borrachos. Casi todo eran hombres borrachos y drogados. Aun así, supongo que por algún código no escrito intuimos que largarnos de repente era poco masculino. No necesitamos comentarlo, simplemente, nos acercamos a la barra. No habían pasado ni dos tragos cuando cuatro tipos se nos acercaron para tratar de intimidarnos. Nos levantamos, no se lo pusimos fácil. Los cuatro vestían muy parecido. Con pantalones muy anchos y camisetas de baloncesto. Ninguno era Michael Jordan, pero iban disfrazados de Michael Jordan. Allí estaban ellos con sus camisetas y su pinta desafiante. El camarero se dio cuenta, se largó un par de minutos y al rato vino un tipo muy delgado, con coleta y no más de 160 cm. Parecía un Tamagotchi al lado de todos los demás. Nos sonrió y nos dijo:

—¿Alguno de ustedes, caballeros, busca problemas?

La situación era tan extraña que uno no sabía si dar de hostias al enano con coleta o mearle encima.

Nadie dijo nada.

Ni los de las camisetas de baloncesto, ni nosotros. Y repitió la pregunta:

—¿Alguno de ustedes, caballeros, busca problemas?

Todos nos seguimos mirando unos a otros sin saber qué cojones decir. Así que el Tamagotchi humano se abrió ligeramente su chaqueta con la mano derecha y vimos el mango de una pistola. Sonrió, nos miró a todos a los ojos y dijo:

—Seguro que no quieren problemas.

Y se marchó por donde había venido.

Los jugadores de baloncesto también se largaron por donde habían venido y mi amigo y yo nos quedamos allí, acabamos nuestras cervezas y nos fuimos.

No pasó nada más. Así de raro fue todo.

Bien.

Hay que saber crear visiones. Igual que a ese tipo no le hizo falta amenazar, ni gritar, ni medir dos metros ni enfadarse para darnos la visión clara de que tendríamos graves problemas si había movida en su local, tú no puedes gritar: «Compra, compra, soy el mejor, el más barato, mira qué champú para tu perro te vendo». Eso es basura para principiantes. Lo que debes hacer es crear visiones.

Eso es todo.

5

Segundo hasta cuando fui primero. VENDER PLATEADO

Mira.

Te voy a contar una historia que, sin ella, posiblemente, no estaría escribiendo esto. Hay un montón de gente hablando de liderazgo, pero a nadie le he escuchado decir esto que aprendí en esta historia. Aplica lo que te voy a contar a continuación y serás percibido como alguien mucho más carismático de forma casi instantánea.

Pero ojo, debes leer con atención.

Debes mirar con atención.

Mira.

Tenía nueve años. Yo era un niño algo bestia que siempre andaba jugando al fútbol, al rugby, al baloncesto, a lo que fuera que implicase contacto y peleas. Era buen chico, sólo que algo bestia. Nada preocupante. Un día mis padres decidieron llevarme a judo. Debía aprender judo. Supongo que pensaron: «Mira, este chaval es un poco descerebrado, es mejor que vaya a desahogarse peleándose en judo».

Como a mí me gustaban todos esos rollos de artes marciales, aquello enseguida se me empezó a dar bien. Me gustaba el judo, mucho más que el colegio. El colegio no me gustaba porque no me enteraba de nada, pero del judo sí me enteraba y por eso me gustaba. (Te puedes aplicar esto a la hora de escribir tu web. Que lo entiendas tú no le importa a nadie. Si ellos no se enteran, no les gustará. Si se enteran, quizá les guste.) Empecé a subir de cinturón muy rápido: amarillo, amarillo/naranja, naranja, naranja/verde, verde, verde/azul, azul... y así. En las competiciones del gimnasio casi siempre ganaba. Pero vamos, no había mucha motivación porque no había medallas. Eran sólo entrenamientos.

Un día nos dijeron que íbamos a competir. Fuimos a un polideportivo en La Elipa, un barrio a las afueras Madrid. Era sábado por la mañana y yo andaba muy feliz con la idea de medirme con un montón de desconocidos. Pero cuando llegué allí me acojoné bastante. Tenía 9 años, pero me tenía que enfrentar a chavales de 14, 15 y 16 años. Su puta madre... No sé ahora, pero cuando yo era un niño todas las competiciones de judo eran por peso y no por edad. Entonces, como yo era un niño gigante pesaba como un adolescente de esos que ya no eran vírgenes. Esos cabrones ya habían follado. O quizá no habían follado, pero ya llevaban años matándose a pajas. Y allí estaba yo, con mis 9 años viendo a tíos de 15, algunos de ellos con sombra de barba, con los que pegarme. A esas edades esa diferencia de edad impresiona mucho. Mi viejo tuvo que notar que aquello no me hacía mucha gracia y me preguntó si quería irme a casa. Y le dije que sí, claro. Pero era una pregunta trampa, no por decirle que me quería ir me iba a dejar irme tan tranquilo, así que lo que me dijo fue que si estaba allí, era por algo. Era porque podía ganar, porque podía competir. Todo muy motivador y tal, así que pensé: «Vale, lleva razón el viejo. Si estoy aquí es porque puedo con ellos».

Empezó el primer combate y gané.

El segundo lo gané.

Gané todos y me planté en la final.

Hostia puta, había llegado a la final y un rato antes estaba acojonado. Me sentí pletórico. Convencido de que iba a ganar ese combate. Pero el padre de mi rival debía ser mejor motivador que el mío, porque me dio una *ensalada de hostias* monumental. Es lo que hay. Me ganó y a mí me dieron una medalla de plata. Y quizá sería muy épico decir que me la arranqué del cuello, que lloré de rabia y de impotencia porque yo era un ganador y aquello me atravesó de dolor, pero no. Yo sólo era un niño de nueve años que tenía una medalla de plata colgando del cuello y estaba muy orgulloso por ver a mi padre contento. Me la sudó no ganar. Al empezar estaba tan impresionado con mis rivales que llegar a la final me supo a victoria. Esa es la verdad.

Después de aquella competición vinieron muchas más y la cosa se empezó a poner fea. Siempre llegaba a la final, pero siempre perdía. Quiero decir, aquel primer día, ser subcampeón me supo muy bien, pero cuando llevas diez medallas de plata te toca los cojones. No tenía *miedo escénico* en la final ni nada de eso, salía a competir como en cualquier otro combate. Simplemente, eran chicos mucho mayores que yo y siempre había uno con un nivel inalcanzable para mí. Eso pasó un montón de veces, no te exagero si te digo que llegué a acumular quince o dieciséis medallas de plata.

Hasta que un día... un día, gané el oro. Uno no sabe lo que es ganar hasta que no ha perdido antes quince o dieciséis veces. Recuerdo cada minuto de aquel día.

El tipo al que me enfrenté tendría quince o dieciséis años y le asomaba un bigote muy oscuro y de aspecto muy suave. No parecía un bigote, parecía la ceja de una niña. Y tenía granos y el pelo muy negro y peinado con mucha fuerza hacia abajo. Como si quisiera que no se le escapara ninguna idea. Era unicejo. Nunca te puedes fiar de un unicejo en una pelea. Su ceja única te distrae y eso es malo para el combate y para la venta. Pero aquel día, nada más agarrarnos de las solapas pensé: «Al unicejo este le gano». Lo noté débil, con su ceja humedecida por el sudor y su bigote ceja de niña también brillante y humedecido por el sudor. Estaba nervioso. Normalmente mis rivales nunca estaban nerviosos. Pero este sí estaba nervioso, de hecho me extrañó mucho que llegara hasta la final. El tatami de aquel polideportivo donde disputamos el campeonato era azul y cuando gané el combate decidí que el azul sería mi color favorito *parasiempre*.

Después del combate nos fuimos a los vestuarios a cambiarnos antes de la entrega de medallas. Estaba feliz, como si hubiera conquistado a la chica más bonita del mundo. Igual.

Después de la ducha, salí de aquel vestuario al centro del polideportivo para recoger mi medalla de oro. Por fin iba a tener una medalla de oro. Ya tenía elegido el lugar donde la pondría. Estaría encima de mi mesilla, siempre ahí encima, para que la pudiera ver todo el mundo. Anunciaron la categoría para la entrega de trofeos y fuimos la medalla de bronce, la de plata y yo al centro. Al bronce, le dieron la de bronce. Al plata, le dieron la de plata. Y a mí, me dieron la de plata. Tardé un par de segundos en recomponerme, era incapaz de decir ni una palabra, pero supongo que mi mirada de desconcierto le tuvo que llamar la atención al bedel que estaba ahí repartiendo los trofeos.

—Lo siento, se nos han acabado las medallas de oro, pero es igual, quédate con la de plata.

Eso fue lo que me dijo. Pocas veces en mi vida, tan pocas palabras me hicieron tanto daño: «Lo siento, se nos han acabado las medallas de oro, pero es igual, quédate con la de plata».

No, hijo de puta. No da igual. Cucaracha insensible, animal lobotomizado, no da igual. Nunca da igual. Sólo deja de importarte cuando no tienes corazón.

El tipo, aquel tipo enano con andar derrotado, se fue con la misma indiferencia que vino. A mí, con la medalla de plata en la mano me estaba costando horrores contener las lágrimas. Muchísimo, una barbaridad. Así que, para evitar el ridículo, fui al vestuario, me encerré en una de las duchas y lloré. Lloré mucho. Recuerdo los techos. Siempre que me han jodido he mirado al techo, supongo que buscando una explicación o buscando consuelo. El techo tenía dos lámparas de tubos fluorescentes. Pero ¿a quién le importa eso? ¿A quién le importaba mi medalla de oro? No podía parar de llorar. Se me acumulaba la saliva en la boca y tenía hipo. Yo quería mi puto oro. Me peleaba todos los días para tener un puto oro. No era el niño listo, ni era delicado, no sabía cantar ni patinar ni dibujar, no sabía hacer nada. No era, no era nada, pero lo que siempre tuve fue muchísima fuerza de voluntad y muchísima fe en mí mismo. Tenía cojones. Y me había ganado mi oro. Y ese bedel enano me había negado lo que era mío. Yo luchaba cada día por tener un oro. Por ganar mi oro. Era mío. Me había ilusionado durante el rato que pasé desde que gané hasta la entrega. Cuando algo te ilusiona y te lo arrebatan así... Dios, sabes que nunca volverás a ser el mismo. Que te jodieron.

Salí del vestuario, todavía tenía los ojos rojos e hinchados. Me lavé como pude y salí al encuentro de mi padre.

—¿Por qué estás así?

—Porque no me han dado la medalla de oro.

—¿Qué más te da?

—No me da igual, yo gané esa medalla.

—Ya, pero ¿qué más da que te la den o no? Tú ya sabes que has ganado y yo también lo sé.

—Pero yo la quiero.

—Pero si ya sabes que has ganado y yo también lo sé, ya la tienes.

—No la tengo.

—Sí la tienes, tú ya has ganado, lo que pasa es que se la quieres enseñar a los demás. Quieres que los demás la vean. Que los demás te aplaudan y que los demás te acepten. Eso es lo único por lo que te da rabia. Si todos lo supieran, estarías contento.

—Sí, quiero que los demás vean que he ganado.

—Pues te voy a decir una cosa, no lo olvides, vas a ser muy infeliz en la vida, mucho, si andas preocupado de lo que los demás piensen de ti. La vida ya es lo suficientemente jodida como para que te preocupe qué cojones piense nadie que no te quiera.

Ambos nos quedamos en silencio. Yo era un zoquete, no te voy a mentir, seguía queriendo tener mi medalla de oro. Pero aquello me relajó en cierto modo. Y años después entendí que mi padre me había regalado la lección más valiosa de mi vida.

Nunca busques la aprobación de los demás

Esa lección de niño la apliqué de adulto una y otra vez. Cuando fui a las oficinas del Grupo Planeta para hablar de mi primer libro, *Escribo porque me gusta ganar dinero*, me esperaba el editor del sello. Por supuesto, me hice el tonto. Igual que hice con el asesor. No soy ningún entendido del mundo editorial, pero llevaba unos años vendiendo mis cursos físicos. Tenía experiencia y ya facturaba un montón con mis formaciones que mandaba en papel por todo el mundo. Y sabía que por mucha editorial que hubiera detrás, un autor debe tener claro que cuando acaba su libro es cuando realmente empieza el trabajo. Lo había vivido con mis cursos montones de veces. Entonces yo fui a la oficina para ver si el editor trataba de darme altas expectativas, falsas, irreales. Y me gustó lo que escuché. Me habló claro, no me hizo ninguna promesa imposible, me habló de mi implicación necesaria. Me generó confianza. Bien podía haberme hablado de la cantidad de fama y gloria y ventas que me esperaban por publicar con él, pero no lo hizo. Quería que publicara con ellos, pero no me generó ningún tipo de promesa imposible. No se aprovechó de mi supuesta ignorancia. Evidentemente, ignoraba e ignoro mucho del mundo editorial, pero sabía perfectamente que gran parte de las ventas en un primer libro deben ser trabajo del autor. Si no estás dispuesto a moverte, no esperes milagros. Cumplí mi parte. Vendí (y se venderán durante años) miles de libros.

Entonces, el editor se ganó mi respeto, yo podría haber bajado la guardia. Sin embargo, había una cosa que no estaba dispuesto a negociar. Y no, no era el dinero, no hablamos de dinero, me daba igual el dinero, no buscaba eso. Sólo quería una cosa, que mi libro fuera mío. Nada de que por ser un autor novel mi manuscrito acabara siendo un espejismo de lo que entregara. Por supuesto se podrían corregir algunas faltas (algunas partes, las partes de los e-mails y cartas de ventas había que dejarlas así), estaba dispuesto a escuchar, no soy tan cerrado de trabajar con profesionales y no escucharlos, pero lo único que no estaba dispuesto a negociar era el no reconocer mi obra y no tener yo la última palabra.

En resumen, ¿sabes lo que no negocié?

La aprobación de los demás.

Era mi obra.

Me daba igual que gustara al público o que no gustara.

Que se aceptara o no se aceptara.

Parecer listo o tonto, rico o pobre, gordo o flaco.

Era mi obra.

Era yo.

No necesito la aprobación de los demás. Escribí el libro que en ese momento quería escribir.

Igual que ahora hago.

Porque en esta vida no hay que creerse más que los demás, pero hay que quererse todo lo que uno pueda.

6

Provocación con solución

Los expertos ganan dinero.

Los líderes se hacen ricos.

Tiempo atrás me llevaron a un congreso. No me suelen gustar los congresos, no me gusta viajar ni me gusta demasiado la gente. No es nada personal. Algunas personas sí me gustan mucho, pero digo en general. Ya sabes, las fiestas de dos. Esas son las que me gustan. Pero de vez en cuando voy a congresos y disfruto hablando con algunas personas. Se aprende mucho. Es buena idea rodearte de gente más inteligente que tú y tener la mentalidad de un niño de cara al aprendizaje. Esto no es tan difícil. Una vez descubres lo tremendamente ignorante que eres (hablo por mí), es sencillo saber que tienes millones de cosas por aprender y millones de esas cosas son interesantes. Por eso es tan importante rodearse de gente inteligente. Y tener mentalidad de niño. Prueba a hablar con un niño. Simplemente pregúntale cómo ve el futuro. Es mágico. Lo proyectan de una manera tan optimista y con tanta ilusión, que prefiero mil veces preguntarle a un niño cómo ve el futuro que a un adulto. Casi todos son un coñazo. Supongo que estás de acuerdo conmigo.

Bueno.

Lo malo que tienen los congresos es que están llenos de personas y, por estadística, no pueden estar llenos de genios. Por eso no me gustan mucho. Voy poco, muy poco. Tampoco me gusta dar ponencias, me aburre sobremanera preparar PowerPoints. Así que últimamente lo que pido, si quieren que vaya, es que me hagan una entrevista. Así improvisamos las respuestas y es más dinámico. Nunca pido las preguntas por adelantado. Es mucho más divertido si no lo haces. Además, cualquier *notas* se puede preparar al milímetro una ponencia aunque no tenga ni puta idea de lo que dice (por supuesto no hablo de grandes ponentes de esos que dan 120 charlas al año y cobran 4.000 o 5.000 euros, hacer eso es muy jodido, ese es otro nivel). Yo me refiero a esos congresos tan aburridos donde alguien con voz muy muy monótona te va leyendo las diapositivas. Es insoportable.

El caso es que tiempo atrás me llevaron a un congreso. Era de redes sociales. ¿Qué pinto yo en un congreso de RR. SS.? No sé. Pero se empeñaron en que fuera. Les dije que tenía que ser en formato entrevista, que subiría al escenario y que alguien me entrevistara, que no prepararía nada. Me dieron el *okey* y aquel día llegué un rato antes de mi entrevista.

Me dio tiempo a ver dos charlas de gente elegante hablando de la enorme importancia de las RR. SS. y cómo aprovechar el *big data* o algo así. Hablaban como si fueran Amazon. Todo eran tendencias futuras (los congresos de marketing y los de tarot no son muy diferentes), gráficas, colorines sobre segmentación por sexo, por edades, por color de pelo, por largo de uñas, por todo. Eran todo datos y datos y datos y más datos que, estoy plenamente convencido, la mayoría no sabríamos interpretar ni nos servirían de absolutamente nada. Todo robotizado, encorsetado, sin emoción, sin alma, sin nada. ¿De qué le puede servir a un emprendedor que arranca que le enseñen a estar todo el día en RR. SS. e interprete un montón de datos si luego no sabe hacer emocionante su mensaje? Es absurdo. Estaban empezando la casa por el tejado. Estaban haciendo algo que realmente es molesto: estaban complicando la vida a los demás. Algunas personas van con su cartel de expertos en lo que sea y en vez de facilitar las cosas, para parecer más expertos se las complican al que viene detrás. Para aparentar que saben mucho. Eso no es dar valor, eso es joder, es complicar la vida, es egoísta. Es pedante.

Aunque a lo mejor les estoy juzgando con dureza y sencillamente, no sepan hacerlo mejor. No sé. La verdad, no sé.

Pero allí estaba yo en aquel congreso escuchando cosas que realmente complicaban la vida y mandaban un mensaje muy peligroso para alguien que arranca con un negocio: «Pasa el día en RR. SS. que ahí está el negocio». Eso no es así. Claro, es evidente que se puede hacer negocio en las RR. SS., claro que hay profesionales que saben hacer eso y ayudan a otros a que lo hagan, pero realmente... ¿Estás seguro de que son las RR. SS. tu negocio? ¿O las RR. SS. son el negocio de las RR. SS.?

El caso es que llegó la hora de mi entrevista.

Había bastante gente. El entrevistador era muy majo. Rápidamente me preguntó por mi opinión de las RR. SS. Le respondí más o menos esto:

> Las redes sociales son el negocio de las redes sociales. A la gente les encantan y creen que son negocios realmente increíbles. Y es cierto, lo son. Para ellas. El 99,9 por ciento de los negocios pierden tiempo y dinero en redes sociales. Muy poca gente les saca partido. Es lógico, las redes sociales son el negocio de las redes sociales, no el suyo. Esto es fácil de enten-

der con un ejemplo. Cuando tú vas a la página de Twitter, por ejemplo, ¿qué ves? ¿Qué ves en esa página?

Mucha gente de las primeras filas me miraba raro, creo que si hubieran podido se habrían levantado a darme de hostias. Cambiaron hasta su postura corporal. Estaban muy incómodos.

Seguí hablando...

Lo que ves es una página, una sola, muy sencilla donde te piden el e-mail. Poco más. Quiero decir, no son tan torpes de llenar su página de iconos de otras páginas para que puedas pinchar y marcharte a otro sitio. Sería ridículo. De locos. Entrar en Twitter y que tuvieran un montón de iconos diciendo: «Síguenos en nuestro perfil de Instagram, síguenos en TikTok» o en cualquier otra red social de mierda. Es muy ridículo. Sin embargo, casi todo el mundo hace eso en sus negocios. Pero las redes sociales lo tienen claro. Quieren el e-mail. Yo también. El negocio lo tienes que hacer en tu casa. Eso lo saben las redes sociales y cualquier emprendedor con sentido común.

En la sala se escuchaba hasta la respiración de algunos. El entrevistador me miraba deseando que acabara.

Seguí:

¿Tú te imaginas que tienes una zapatería en una calle de tu barrio y cuando entrara alguien le dijeras: «Por favor, sal de mi tienda y te vas al parque y te llevo allí varios modelos de zapatos y así puedes ver otras trescientas tiendas diferentes y tías en topless con estrellitas en los pezones y guaperas con abdominales y gatitos y memes y allí me compras los zapatos»?

> ¿Imaginas esa escena?
>
> Sería absurdo, ¿verdad? Pues eso es lo que hace la gente con sus negocios y al entrar en su web, lo primero que ves son sus iconos para marcharte a sus redes. Si ya los tienes en tu casa, ¿por qué los echas? No lo puedo entender.

Después me marché. Hasta hoy. Ni una sola persona de la organización (es la primera vez que me pasa algo así) me mandó un e-mail después, ya sabes, para dar las gracias, saludar, desear repetir el año que viene, etcétera. Es la primera vez que me pasa algo así. A algunas personas les molesta muchísimo que otras personas tengan sus propias opiniones sobre las cosas. Entonces, ¿para qué preguntan?

Pero ¿sabes lo más importante? ¿Lo realmente importante?

Que nada es tan importante.

Y mucha gente estuvo de acuerdo conmigo. Y eso es una buena lección de humildad. Ahí fuera hay mucha gente que piensa como tú, no eres tan único, ni especial, ni tan importante. Sólo estás intentando sobrevivir y manejar el dolor. Eres un ser humano. Vivir duele. Pero sólo duele porque crees que importa. Quizá haya llegado la hora de asumir que nunca se va a curar. Y quizá dé igual.

¿Y por qué te digo todo esto?

Porque mucha gente que estaba allí sintió desprecio por mí. Y eso no es importante. En cualquier caso, me llegaron un montón de nuevos registrados.

No se trata de provocar gratuitamente. Eso lo hace un patán de barra de bar. Se trata de provocar reacciones basadas en las creencias que lo inundan todo. Porque hay algo que no dejo nunca de pensar... Si todo el mundo dice «ese es el camino», ese no puede ser el camino. La masa siempre, siempre, se equivoca. Provoca y da una solución. No provoques para luego quejarte y no hacer nada. Tienes que ser un líder. Liderar tu negocio. Si vas a provocar, debes dar la solución. Ese es uno de los ángulos más rentables que puedes tomar. Provocación con solución.

7

Investigación sin compasión

Antes de escribir nada una de las primeras cosas que como copywriter, empresario, emprendedor o *falotrapecista* tienes que tener en cuenta es que ni tu producto ni tu servicio le interesan a nadie. Ojo, ni el tuyo ni el de tu cliente ni el de nadie. No es nada personal.

Lo que todos queremos comprar son transformaciones. Mejores versiones de nosotros mismos. Si crees que tus decisiones de compra son totalmente racionales y que eres alguien muy analítico y frío, siento decepcionarte. Compras transformaciones. Es todo emocional. Podemos resumir diciendo que el producto o servicio sólo es un puente para la mejor versión de uno mismo.

Y es precisamente por esta razón por la que la investigación previa, tanto interna como externa, es de vital importancia. Con una buena investigación tendrás casi todo el trabajo hecho. Al menos la parte más laboriosa e importante.

Sin esta investigación pasará justo lo contrario.

Otra razón para la investigación es analizar a la competencia. ¿Cómo vas a escribir nada si no has hecho un análisis previo del mercado y de tu competencia? ¿Cómo encontrar eso que nos hace únicos y que tanto debemos resaltar, si no investigamos mucho antes de plantearnos sentarnos a escribir?

Un copywriter nunca se sienta delante de una página en blanco ni depende de su inspiración para realizar su tarea. La creatividad y la inspiración son muy importantes, pero no ante la nada. Con una buena investigación previa, el trabajo se facilita sobremanera y sobre eso vamos a profundizar en el siguiente apartado.

Esto vale seas o no seas copywriter. Debes hacer una buena investigación previa.

Ahora sí, vamos a la investigación sin compasión

Lo primero, no creo para nada en lo del *buyer persona* (o cliente ideal).

En absoluto, para nada.

Creo que muchas veces se hace sin pensar. Es mejor pensar.

No digo que no pilles alguna plantilla que hay por ahí en internet y lo hagas como ejercicio, pero no te tomes muy en serio el resultado. Es algo artificial, mal utilizado y poco práctico. Una vez que acabas, te quedas mirando ahí y eso no te sirve para nada.

Como te digo, el ejercicio del cliente ideal es algo en lo que no creo demasiado. Muchas veces es muy confuso. Mucho. Nos podemos pasar horas y horas ahí sin tener claro apenas nada. Es algo que puede ser interesante para un perfil concreto, cuando eso esté claro. Por ejemplo, tu cliente ideal es una adolescente que vive en una gran ciudad. Ahí puedes hacer este ejercicio con precisión y que tenga cierta utilidad. Una chica, dieciocho años, escucha esta música...

Vale, puede tener sentido.

Pero en muchas ocasiones nos vamos a encontrar con que nuestro cliente ideal, nuestra solución, puede encajar con esa adolescente que comentaba arriba y con un tipo de 49 años. Eso puede pasar y pasa mucho. Entonces, el ejercicio del cliente ideal pierde sentido práctico, aunque, insisto, puede estar entretenido como simple ejercicio. Y volvemos a lo de siempre: mucha gente está más obsesionada con la superficie, con la apariencia, que con lo profundo.

¿Y qué podemos hacer en ese caso cuando son perfiles tan diferentes?

Pues el ejercicio del dolor o del sueño común.

En vez de buscar un perfil concreto de persona, buscamos qué les duele en concreto a todas esas personas, por diferentes que sean. Esto, tan simple, lo cambia todo. No te obsesiones por detalles concretos en la vida de una determinada persona, piensa en sus dolores, en sus sueños. Y eso dependerá de lo que vendas. Es decir... ¿Solucionas el miedo a hablar en público? Pues en vez de pensar en una persona en concreto, piensa en el dolor en concreto. Esto es, el miedo y lo que provoca: parálisis, que te juzguen, decepcionar, etcétera. Y sabiendo esto, ¿cómo podríamos fijar la atención de una audiencia muy diferente?

Pues mira, podemos hacer algo así y luego te digo en qué está basado:

> ¿Qué tienen en común una ejecutiva de éxito con una persona que acaba de empezar su carrera profesional? Que es casi seguro que ambos sienten cierta angustia al hablar en público y que les encantaría disfrutarlo.

De esta manera tan simple, estás olvidando al cliente ideal y te estás centrando en *el dolor ideal*.

Esto está basado en que una vez me enfrenté a un reto profesional chulo. Tenía que escribir para una inmobiliaria que vendía pisos y que alquilaban también espacios para empresas y alquiler vacacional. Le estuve dando vueltas a cómo podría meter a toda esa gente ahí, tan diferente. ¿Qué tiene que ver la familia que quiere comprar un piso con la empresa que quiere alquilar para una convención o con la pareja que busca una escapada de fin de semana? Poco. ¿De qué habría servido ahí, en esa inmobiliaria, el ejercicio del cliente ideal? De nada.

Entonces, hice algo realmente sencillo (lo simple, busca siempre lo simple) y agrupé el titular así:

> ¿Sabes lo que tienen en común los que quieren comprar un piso, los que lo quieren alquilar, con la empresa que quiere un buen sitio para celebrar una convención o una pareja enamorada que busca una casa de fin de semana?
>
> Que todos ellos, los han encontrado aquí. Inmobiliaria XXX.

Eso, funcionó. Realmente funcionó. Fue simple y muy efectivo.

Por tanto, con este ejercicio lo que te quiero mostrar es que no es nada buena la obsesión por el cliente ideal. No hagas caso y no pierdas el tiempo si tu público es muy dispar. Insisto en recomendar el ejercicio, pero como eso, como ejercicio. Piensa mejor en esto otro. Pues una vez detectes lo que buscan en común, podrás jugar con los textos de manera mucho más eficaz y no te sentirás encorsetado sin ningún sentido.

Ahora te voy a contar una forma de investigar que sólo conté una vez, en mi membresía privada. Cuando leas esto no sé si tendré membresía privada, si estaré vivo o estaré muerto, pero esta es la forma de investigación de cliente más bestia que he aplicado en mi vida. Y viendo los resultados que tuvo al sacarla a la luz, estoy convencido de que lo acabarán aplicando miles de personas. Por algo ineludible... Es mucho más sencillo, profundo y sobre todo, práctico.

Te voy a dar una serie de pautas y creo sinceramente que esto, casi con toda seguridad, puede dar un vuelco total a tu manera de enfrentarte a tu cliente, de empezar con tu negocio o seguir con él. Esta manera de investigar es realmente muy potente. Me gusta contarte esto porque la he ido perfeccionando con los años. Y me ha funcionado extraordinariamente bien para mí y para los clientes cuando he tenido que aplicarla.

Lo primero de todo, antes de decirte qué seis preguntas tienes que hacerte, te voy a decir una serie de cosas generales, pero que no son tan habituales.

Cinco cosas imprescindibles para una buena investigación

1. Entrevistas

Cuando vayas a hacer una investigación de cliente (te lo puedes aplicar a ti mismo, pero vamos a poner que es una investigación a un cliente), lo primero que tienes que hacer es ver todas las entrevistas que puedas de ese cliente. Entrevistas, YouTube, podcast, en papel, en un blog... donde esté ese cliente.

Investígate a ti mismo si es tu caso. Investígate. Mírate. Mira a ver qué dices en las entrevistas. ¿Qué hacer con esto? Anota expresiones. Repito porque esto es muy importante. Anota las expresiones que tú digas, porque el lenguaje conversacional a la hora de escribir es clave para vender. Hay que dominar y conocer más ángulos, lógicamente. La escritura persuasiva es algo más que lenguaje conversacional. Pero sólo puede producirse cuando realmente el lenguaje es conversacional. De ahí la vital importancia que tiene.

2. Foros

Otra cosa que a mí me salvó la vida en su momento es visitar foros. Yo he estado en un montón de foros. No participaba, sólo leía. Puedes participar también con alguna identidad que encaje, por si tienes alguna duda que alguien te la pueda resolver. Cada hilo de cada foro son argumentos de venta para e-mails, para cartas de venta, para lo que sea. Literal. Visita foros porque, insisto, cada hilo, cada respuesta, cada preocupación, cada temática... Eso te da una información absolutamente bestial.

Para que te hagas una idea yo visité foros sobre vegetarianos y estuve años mandando un e-mail diario como si fuera una mujer vegetariana. No soy ninguna de las dos cosas, pero con los foros fue sencillo.

3. Comentarios en Amazon

Mira. Te voy a poner mi propio ejemplo con *Escribo porque me gusta ganar dinero*. Algunos de los comentarios que hacen en Amazon sobre mi libro dicen que no enseño nada.

Sé que muchos son de *haters* que me tenían ganas de tiempo atrás, pero eso da igual. Lógicamente yo no estoy de acuerdo, pero vamos, no me importa decirlo y no me importa que puedas ir a leerlo. Dicen que no enseño nada en el libro, que sólo es una recopilación de e-mails y ya está. Pues muy bien.

Ahora, ¿a qué conclusión me lleva a mí eso para aprovecharlo en mi beneficio? Si fuera a sacar un libro de copywriting ahora mismo, diría el montón de cosas que enseño, la cantidad de ejemplos que voy a poner, la cantidad de cosas que voy a resolver. ¿Por qué? Porque entiendo que ahí hay una demanda por parte del público diciendo: «Es que este no enseña nada». No estoy de acuerdo, pero yo lo veo desde fuera. Yo hice el libro que quería hacer y volvería a hacer otro libro exactamente igual. Pero leería esos comentarios si fuera mi competencia para profundizar en lo que dicen. Hay gente que entiende que yo ahí no estoy enseñando nada. Pero eso te da información útil. O sea, si yo tuviera que escribir ahora un libro de copywriting o sobre algo de la temática, diría: «Uy, la gente parece que quiere aprender cosas mucho más masticadas».

Esto te puede interesar si quieres dirigirte a determinado público: lee los comentarios en Amazon. Si vendes tornillos, si vendes financiación, si vendes inversión, si vendes ropa... Vas a ver qué comentarios hay. Eso es una mina de oro. De verdad, son una mina de oro los comentarios en Amazon. ¿Por qué? Porque dice la gente: «Esta chaqueta no es nada cómoda, prefiero que sea más ancha» o «Esta es que tiene hombreras como las de los 80». Lo que sea, cualquier cosa de esas. Y cuando veas un patrón repetido, te estará dando una información valiosísima.

Te paso un breve esquema para que saques mucho partido a todo tipo de comentarios:

Organizar información de Amazon

Mensajes destacados:

- Perdí peso sin esfuerzo.
- El proceso ha sido muy sencillo. Nada de pastillas ni ingredientes raros.
- No he vuelto a recuperar los kilos.
- He recibido mucha ayuda por parte de mi entrenador.

Lo que el cliente buscaba:

- Adelgazar sin pasar demasiada hambre.
- No complicarse con recetas caras o de difícil elaboración.
- No tener el temido efecto rebote.
- Apoyo durante el proceso.

Sus puntos de dolor:

- Que el hambre le hiciera infeliz.
- Tener que gastar mucho en productos exóticos.
- Volver a engordar después del esfuerzo.
- Sentirse solo durante el proceso y no tener alguien a quien acudir en un momento de debilidad.

Con este simple ejemplo y su estructura, tendrás un montón de buenos mensajes para tus textos y cartas de venta desactivando los puntos de dolor y las preocupaciones más habituales de tus potenciales clientes.

4. *Artículos de blogs*

¿Por qué te dan muy buena información los artículos de blog si los buscas en Google, por ejemplo? Porque los que más interesan a la gente son los que suelen estar mejor posicionados. Dicen que Google premia el que te pases tiempo leyendo algo ahí y lo posiciona. Entonces si tú tecleas «cómo poder tintarme el pelo y que parezca totalmente natural aunque sea azul», esos artículos que salgan primero son los artículos que la gente consideró información más valiosa, posiblemente.

Y los comentarios (en caso de que haya) de los artículos también son muy importantes. Ahí tienes una mina de investigación, insisto. La gente ahí te lo dice todo. O sea, no tienes que tener una capacidad de inventiva o una creatividad fuera de lo común. No. Es que las personas lo decimos todo. Sólo tienes que escuchar. (Recuerda, es mucho más probable que encuentres información realmente útil cuando la persona no se identifica. Para entendernos, es mucho más probable que alguien te hable de sus fantasías sexuales más profundas si sabe que no sabes quién es. Es mucho más probable que te diga la verdad. Este caso, que puede parecer extremo, se aplica a todo.)

Dicho esto, insisto... Tienes que ser muy egoísta y dejar hablar a los demás. Entonces tú vas ahí, a una temática, y ves de qué está tratando el artículo, qué problemas está resolviendo, qué soluciones está dando y qué reacciones y comentarios deja la gente. Y tienes una auténtica mina de oro.

5. Negocios que tienen éxito en lo tuyo

Otra cosa que debes hacer, muy importante, antes de entrar en las seis preguntas clave es ver qué negocios tienen éxito en lo tuyo, en tu nicho, en tu mercado. Y ver por qué lo tienen. Esto es extraordinariamente valioso en la investigación. Ver por qué tienen éxito esos negocios. Pero tienes que asegurarte de que tienen éxito de verdad, no que hagan promesas enormes y luego nada.

¿Y cómo sabes si tienen éxito de verdad? Pues esto es un poco más ya intuición y experiencia. Hay veces que ves ahí a alguno diciendo: «Te enseño a multiplicar por 20 tu dinero». Y sólo con ver la desesperación que tiene en el vídeo, piensas: «Pero tú qué me vas a enseñar a mí, alma de cántaro». Son estas cosas. Hay gente que sabes que le puede ir bien, que le va mejor, empresas... En fin, negocios que sepas que van bien. Y tienes que ver por qué tienen éxito, qué están haciendo para tener éxito. Esto forma parte de la investigación también. Tienes que ver simplemente por qué lo tienen. Esto es muy importante.

Las seis preguntas que con los años he ido desarrollando y puliendo para todas mis investigaciones

Ahora te voy a decir seis preguntas que tienes que hacer en la investigación sin compasión. Esta es la información más importante que he contado nunca sobre investigación. No exagero.

Y son muchos años mirando cómo tratar de llegar lo más profundo a la mente de la gente. Para saber cómo llegar a ellos y que realmente quisieran tomar decisiones que favorecieran al negocio para el que estaba escribiendo en cada momento. Sin entrar (queda hasta estúpido tener que aclararlo) en manipulaciones. Hablamos de persuasión, que no es lo mismo que manipulación. Yo creo que aquí ya somos todos mayores y no tenemos que andar con esa confusión de «Uy, vender es que es malo porque estás engañando». En fin, esas tonterías creo que ya están superadas. Bueno, para alguno no. Normalmente para los que venden poco. No falla.

Primera pregunta: ¿Qué le gustaría lograr a tu público con relación a lo que vendes?

Piensa en esta pregunta. Aquí te puedo poner dos millones de ejemplos. Qué le gustaría a tu público: ¿Perder peso? ¿Tener más memoria? ¿Parecer más rico? Ya sea que vendas coches, que vendas joyas, que vendas meditación, que vendas dietas, que vendas ponerse en forma... Lo que sea. Todo vale. Todo es igual de bueno cuando es bueno.

Piensa detenidamente qué le gustaría lograr a tu potencial cliente con relación a lo que vendes. Anótalo en un papel, piensa en ello, dale vueltas.

Segunda pregunta: ¿Cómo de accesible es lo que entregas para la experiencia del cliente?

Esta la voy a desarrollar un poco, porque a lo mejor no es tan sencilla de entender. Tienes que saber qué nivel de interacción desea el público con relación a lo que sea que vendas.

Te pongo un ejemplo. Si vendes un servicio de mentoría, pues lo mismo no es buena idea que el soporte no lo des tú. Piensa en esto. Investiga. Ponte en la piel de la otra persona.

Si vendes sartenes también tienes que hacerte esta pregunta, porque esto se puede aplicar a cualquier cosa. Si vendes sartenes, lo mismo es buena idea mandar junto a la sartén un sobrecito con una nota dentro que diga: «Oye, que también tengo cafeteras». ¿Por qué? Porque estamos hablando de la pregunta por la accesibilidad de la experiencia de cliente. Entonces tú tienes que pensar qué pueden tocar, qué pueden palpar, qué puede suceder. Si es una mentoría, yo creo que es buena idea que tú des el soporte. Si vendes zapatillas, pues a lo mejor una carta que reciban junto a las zapatillas diciendo: «Y además tenemos unas camisetas que son muy buenas». Eso mejora la experiencia de cliente y aumenta las ventas, ambas cosas.

Por tanto, debes hacerte esta segunda pregunta. Lo que debes responder con esta pregunta es qué sucede inmediatamente después de que la gente compre o reciba su pedido. Qué clase de acceso hay a ti o tu marca.

Tercera pregunta: ¿Qué les hace disfrutar con relación a lo que vendes?

Antes de responder quiero dejarte claro lo siguiente:

Cuando tú te hagas estas seis preguntas y obtengas las respuestas, tendrás una investigación de cliente que ya quisieran muchas empresas enormes. Pero mucho más económica, sin estudios de mercado muy bestias. Optimizando tus recursos puedes utilizar tus armas para tener un negocio extraordinariamente potente.

Entonces, pregúntate qué les hace disfrutar con relación a lo que vendes.

Por ejemplo, vendes yoga. Pues les puede hacer disfrutar la armonía. Eso es lo que les hace disfrutar con relación a lo que vendes. Si vendes barbacoas, pues a lo mejor lo que les hace disfrutar es la buena mesa y las relaciones sociales con amigos, con familia, lo que sea.

¿Vendes anillos? Pues les hace disfrutar el estatus, la distinción.

Si vendes cursos de guitarra, puede ser que lo que les haga disfrutar sea el protagonismo. O sea, aquí hay que tirar del ego, también. Es importante esto. O la conexión con otros músicos. Yo soy un músico fracasado, pero he tocado con otros músicos y se lo pasa uno increíblemente bien. Hay una armonía, hay una forma de entenderse... Pues eso es una manera de disfrutar. Eso es lo que hace disfrutar con relación a lo que vendo.

Todo lo que compramos nos hace disfrutar, ya sea de forma directa por la obtención de un placer o de forma indirecta por la solución de un dolor.

Cuarta pregunta: ¿Cómo habla tu público?

Tienes que conversar con ellos, tiene que ser un lenguaje conversacional. Entonces tienes que saber cómo habla tu público. ¿Y dónde vas a encontrar cómo habla tu público?

Muchas veces no será en el artículo del blog que te guste leer, sino en los comentarios. No en cómo estén escritos los libros sobre esa temática, sino en las reseñas y las opiniones.

No en cómo les vendan la cafetera o la barbacoa, sino en cómo responden ellos a eso.

La manera de hablar cada vez es más parecida entre la mayoría del público, ten en cuenta esto. Antes había una serie de distinciones mucho más elevadas: gente más mayor, gente de una posición social, gente de otra... Ahora la gente muy joven tiene su propia jerga, pero pasando una cierta edad, digamos que todo es bastante más parecido. Hay gente que utiliza unas expresiones más de barrio, menos, más tacos... Pero no hay esas distinciones tan claras. Lo que hay son sutilezas que te pueden servir. Y sobre todo si te diriges a gente joven, van a utilizar palabras y expresiones que otras personas no van a conocer. Es importante.

Quinta pregunta: ¿Es un público polarizado?

Esta es muy importante. Bueno, en realidad todas lo son. ¿Es un público polarizado? ¿Aman u odian a otras empresas o referentes de tu nicho?

Saber qué tipo de pasión hay alrededor de lo que vendes te ayuda a una investigación muy profunda. Muy profunda. Incluso, y esto lo he visto, en productos que en principio son *happy*, como todo muy guay, como pueden ser bebidas vegetales y ese tipo de cosas, también hay unas guerras muy grandes ahí que debes conocer.

O sea, que no demos nada por sentado. Por eso esto es una investigación, no podemos dar nada por sentado. Tenemos que conocer en profundidad qué es lo que hacemos y para quién lo hacemos.

Entonces, ¿está polarizado tu público? ¿Vendes algo que polariza?

Pues eso es importante que lo sepas. Y con relación a eso, vas a poder ofrecer tu producto de una manera u otra, comunicar de una manera u otra.

No digo que hagas una polarización artificial, pero vas a tener que posicionarte casi con toda seguridad. Como no quieras meterte nunca en ningún problema, posiblemente pases desapercibido. Y con esto no estoy diciendo que de manera artificial, insisto, tengas que generar problemas para ti o para los de tu alrededor. No se trata de eso. Además no hace ninguna falta, el mundo está lleno de gente aburrida que tiene que desahogarse en redes sociales. No seas uno de esos aburridos, sé de los que ganan dinero gracias a ellos.

En definitiva, se trata de no esconderse. Es compatible.

Sexta pregunta: ¿Cómo viven lo que vendes?

Esto no es exactamente *qué le gustaría lograr a tu público con relación a lo que vendes*. Esto es otra cosa. Ahora te lo voy a explicar. Es cómo viven lo que vendes. No cómo viven las personas.

Voy a aclarar una cosa. Vamos otra vez a lo del *buyer persona*. Esto de: «Vamos a ver qué número de zapato usa, si vive en una ciudad de 5.000 personas o de 4.913, si tiene 39 años o 47, si vive en un barrio en el que haya muchos bares o en su barrio hay pocos bares». A ver, lo repito. La mayoría de esas cosas, en la mayoría de los negocios, no sirven para absolutamente nada. Tengo que insistir en ello porque este es un apartado de investigación. Es un ejercicio que puede estar bien hacer. Está bien que lo hagas como ejercicio, como práctica. Pero ¿sabes qué pasa? Que no lo vas a aplicar. O sea, no te vas a poner a pensar: «Uy, voy a mandar el mensaje pensando que esta mujer a la que yo le quiero vender estas terapias tiene 32 años... Y fíjate, cómo voy a decir lo mismo si esta otra tiene 44».

Si haces eso, se va a encorsetar tu mensaje. Seguramente no vaya a llegar, ni mucho menos, con la misma fuerza. Por tanto, es importante que esto lo hagas simplemente como un ejercicio. Pero al final, a lo que tienes que atender más en profundidad es a saber cómo viven lo que vendes. Puede ser un tipo de 50 años en un pequeño pueblo de la sierra en Segovia, o puede ser una chica de 25 años en una ciudad como Barcelona. Lo importante es cómo viven lo que vendes.

Entonces, si vendes juegos, por ejemplo: ¿Qué sucede alrededor de ellos? ¿Qué sucede alrededor de esos juegos? Eso es lo que tú tienes que investigar. Ahí es a donde tú tienes que llegar. Si vendes terapia, ¿cómo viven esa evolución? ¿Con quién lo comparten?

Lo que tú vendes es una vivencia, es una experiencia. ¿Con quién lo comparten? Y me da igual que vendas correas para coches. Lo que tú vendes es una experiencia o así lo debes plantear. ¿Cómo la viven? ¿Con quién lo comparten?

Estas son las cosas que hacen una investigación más profunda. Hay que ir un poco más profundo y al mismo tiempo, un poco más sencillo. ¿La gente se reúne para disfrutar lo que vendes? ¿Es vino? ¿Videojuegos? ¿Es algo para disfrutar en solitario? Piensa en ello y arma tu mensaje.

Esto es todo lo que te quería contar sobre la investigación. Espero que te sirva para todo y que te sirva *parasiempre*. Nunca podemos dejar de investigar, en todos los sitios hay detalles, frases, palabras, imágenes, situaciones… en todos. Mira. MIRA con atención. La conversación de la mesa de al lado en la terraza de tu bar favorito te puede estar dando grandes titulares, grandes argumentos de ventas o sencillamente, un gran rato.

Personalmente aprendí que una plantilla no podía hacer el trabajo por mí, que eso del *buyer persona* suena muy bien y que muchos departamentos de empresas tienen que justificar su sueldo y su tiempo, pero la realidad no está en las plantillas. No está en esperar un comportamiento robotizado de la gente. La gente somos emociones y esas emociones son las que tenemos que aprender a investigar y controlar. Hay que bajar al barro. No hay otra alternativa. Y esta es la forma más bestia, rentable, sencilla, humana y loca que he creado jamás para investigar.

Como te decía, espero que te sirva y que la próxima cerveza sea a nuestra salud.

8

La importancia de decir la verdad

Mira.

Esto que me pasó en mi primer trabajo es algo que me ha ayudado de forma extraordinaria a la hora de ganar dinero. Me pasó con quince años recién cumplidos y fue toda una lección de venta y vida. Poco después de mi paso por el colegio como un estudiante malo, sin talento ni gracia para nada y con pocas alternativas, tuve que buscar mi primer trabajo. Aunque hice algunas cosas laborales antes, mi primer trabajo oficial llegó con quince años. Por aquel entonces había una ley que permitía trabajar a menores de dieciséis años si era con un contrato de aprendiz. En mi caso, aprendiz de sastre.

Nunca había visto tanto lujo en mi vida, nunca. Aquella sastrería, en la zona norte de Madrid, muy cerca del Santiago Bernabéu, era el sitio más elegante, caro y limpio que había visto en mi vida. Tenía dos plantas. En la primera estaba la tienda, donde se vendían americanas, chalecos, pantalones, cinturones, calcetines y todas esas cosas. En la planta de arriba era donde se medía y se hacía la ropa de los clientes que la querían a medida. Por aquella tienda pasaban jugadores de fútbol, de baloncesto, presentadores de TV y demás gente famosa. El primer día que estaba trabajando allí fue

Jorge Valdano y se compró unos calcetines de 7.000 pesetas (si acabas de aterrizar en el planeta en este siglo, pues que te digan 7.000 pesetas no te dice mucho, pero era una pasta por unos calcetines. Por ese dinero mi madre podría haber comprado 25 pares). Para que te hagas una idea, yo cobraba 25.000 al mes. Necesitaba trabajar algo más de una semana para poder comprar unos calcetines como los que se acababa de llevar Valdano. Eso, lejos de molestarme me hizo gracia. Tampoco te voy a mentir, no te voy a venir con el cuento de que pensé: «Algún día me compraré calcetines de 7.000 pesetas». Yo en lo único que estaba pensado entonces era en acostarme con alguna del barrio. Es lo que hay.

Allí nunca aprendí nada de sastrería, pero aprendía mucho de otras cosas. Mi trabajo principal consistía en dos tareas. En llevar montones de ropa desde la sastrería a un piso cercano que se utilizaba de almacén y otra tarea y verdadero motivo por el cual me contrataron. A la semana de estar trabajando, uno de los sastres me dijo que el jefe quería hablar conmigo. El jefe, que tendría unos 75 años, un tipo educado, elegante y muy simpático me pidió que lo acompañara al banco. Así que fuimos dando un paseo hasta allí. Cuando llegamos, enseguida nos hicieron pasar al despacho del director, un vulgar pelota al que sólo le faltó arrodillarse y comérsela a mi jefe. Mi jefe era muy rico. La primera lección de aquel trabajo era muy sencilla, si eres rico te comerán la polla, aunque seas viejo. Entonces mi jefe le dijo al director pelota señalándome a mí: «Este chaval se llama Isra. Es de fiar. Trabaja conmigo y a partir de ahora cuando venga con alguno de mis cheques, se lo pagas sin problema».

A la salida lo primero que me dijo fue lo siguiente:

—¿Has visto a este tío tan pelota?

—Sí.

—Es ridículo.

—Lo es.

—A mí me caes bien porque no eres pelota, pareces un chico raro, pero no eres pelota, tus padres te han educado bien.

—Gracias.

—Te voy a contar algo que estoy seguro que jamás olvidarás.

Nos quedamos en silencio, nos miramos y continuó:

—En la vida, lo mejor que puedes tener son dos cosas. Erecciones y millones. Pero al mismo tiempo. Yo soy muy viejo. Así que procura hacerte rico mientras se te ponga la polla dura. Recuerda, el estado de máxima plenitud que puede alcanzar un hombre es tener erecciones y millones en el mismo punto de su vida.

Me reí y es cierto que nunca olvidé aquello. En todo caso, nunca he sido de esas personas especiales que ven la luz de jóvenes y piensan que lograrán la gloria, yo simplemente seguía pensando en acostarme con alguna del barrio y quizá algún día ser una estrella del rock o un escritor famoso. No me daba la cabeza para pensar en cómo lograr hacerme rico de otra forma. Así que no pensaba demasiado en ello. Trabajaba, observaba y no juzgaba.

Otra gran lección que aprendí en aquel trabajo fue a darme cuenta de que la riqueza trae belleza. Algo que me fascinaba de aquel trabajo era que al estar en una zona de mucho dinero y pasar por la tienda personas muy ricas, las mujeres eran muy bellas. Quizá serían los rayos UVA, los entrenadores personales, sus cremas, sus peluquerías, su falta de sufrimiento a fin de mes, quizá fuera todo eso… Casi seguro que sería todo eso. Pero me cruzaba con mujeres de cuarenta y cincuenta años que eran la fantasía erótica de todo adolescente. Tan guapas, tan elegantes, tan bien vestidas y educadas… Yo estaba salido perdido y como buen pervertido no paraba de pensar en follar con aquellas mujeres. ¿En qué otra cosa podría pensar? Sólo era un analfabeto que venía de un barrio pobre del sur, que se cruzaba la ciudad y tardaba más de una hora en llegar a aquella zona y encontrarme con otro mundo. Con todas esas mujeres tan elegantes, tan bien vestidas, tan femeninas... Ahora esas distancias se notan menos, pero en ese momento, cuando volvía a mi barrio, las mujeres eran muy diferentes. Mucho más descuidadas, mucho peor vestidas, de peor humor... Era normal, muchas de ellas apenas podían llegar a fin de mes, tenían que hacer equilibrios de todo tipo para poder dar de comer a sus hijos y no tenían tiempo ni dinero para masajes, cabinas de rayos y operaciones de estética. La vida las había aplastado. Las había jodido. Cada día veía dos mundos tan diferentes que me resultaba desconcertante. Pero a diferencia de mis amigos del barrio, no les tenía ninguna manía ni envidiaba a los ricos. Era raro el día que algún amigo no insultaba a mi jefe, que no decía algo tipo «puto rico de mierda» o «son todos unos egoístas» o «explotan a la gente» o alguna gilipollez de esas. No les culpo, nos suelen educar así, en la envidia y en la cobardía de pagar nuestras miserias con los demás. Por fortuna, una de las cosas de las que más orgulloso estoy es de que siendo como era un chico de clase media baja en un barrio de clase media baja, jamás he sentido odio ni envidia de nadie que tuviera más o menos que yo. Nunca quise robar el dinero de nadie, ni desprecié los logros de nadie, sólo quería ganar el mío y que me dejaran en paz.

Pasados unos días, llegó la hora de ir al banco a sacar dinero para mi jefe. El primer encargo fue 1.600.000 pesetas. Cuando llegué a la oficina estaba *director pelota* y me recibió con una sonrisa y una reverencia. Era tan pelota y tan tonto que me hacía la pelota hasta a mí, que era pobre como una rata. Le di el cheque que me había dado el jefe y me dio el dinero. Me impresionó. El millón de pesetas venía plastificado y en billetes de 10.000. El resto del dinero me lo dio en dos tacos finos y atados con una goma elástica. De camino a la sastrería fantaseaba con fugarme. Con irme con ese dinero y unos cuantos amigos a alguna isla con buen tiempo, bebida y chicas. Fantaseaba con tocar la guitarra alrededor de la hoguera sin tener que madrugar, ni tener que hacer recados, sólo tocar la guitarra, acostarme con chicas, beber y dormir. Pero la realidad es que aunque fantaseaba con ello, nunca lo podría haber hecho. Mis padres siempre me habían dicho que robar era de cobardes y yo no quería ser un cobarde. Así que nunca robaba. Por fácil o tentador que fuera. En mi barrio había un código que estaba muy claro, ser un cobarde era lo más bajo que se podía caer. Era mucho peor que ser pobre. Al fin y al cabo eso ya lo éramos, aunque nos costaba entenderlo.

A partir de esa primera vez, fui muchas veces al recado del dinero. Una vez una cantidad, otras veces otras, pero siempre cantidades importantes. Mínimo, 100.000 pesetas, cuatro veces mi sueldo.

Un día, uno de mis compañeros, un sastre de unos cincuenta años con ojos achinados de cucaracha y cuerpo encorvado y diminuto, me invitó a un café, según me contó, debía decirme algo importante:

—Isra, se te ve buen chico, hablas poco pero pareces majo y debes saber una cosa.

Me quedé en silencio, mirando a sus ojos achinados de cucaracha, esperando que continuase.

— ¿Sabes para qué te ha contratado el jefe?

—Para hacer recados.

—¿Y qué recados haces?

—Pues llevar ropa al piso y recoger dinero del banco. Básicamente hago eso.

—¿Sabes que al jefe le han robado varias veces cuando ha ido al banco?

—Ni idea.

—Pues le han robado varias veces, la última con bastante violencia. Le tienen fichado, ya sabes.

Yo seguí mirando sus ojos de cucaracha achinada sin saber si sabía o no sabía. Creo que se dio cuenta de que mi gesto no parecía ni muy entusiasmado ni muy sorprendido por la información. En realidad, me daba un poco igual la historia. Así que siguió:

—Tienes que saber, Isra, que en realidad tú estás trabajando aquí para que, si te roban, te roben y te den de hostias a ti. No es para ser sastre ni para nada parecido. Es para que te juegues tú el pellejo. Te ha puesto de escudo.

Sus ojos de cucaracha parecían más acucarachados y achinados que nunca, como si lo que me acabara de decir fuera algo que fuera a cambiar el rumbo de la historia. Como si fuera lo más excitante que le había pasado en los últimos veinte años.

—Vale, gracias por la información.

Al día siguiente le pregunté al jefe si podía hablar con él. Como era un tío muy majo y accesible, me dijo que sí. Así que le pregunté, sin decirle en ningún momento quién me había dicho nada, ni siquiera dando a entender que nadie me hubiera dicho nada.

—Sospecho que estoy trabajando aquí para evitar que le roben a usted.

El tipo me miró fijamente, pero de forma amable, no pretendía ser intimidante. Seguí:

—Creo que debe ser algo así. Quiero decir... Usted me deja andar con un montón de su dinero para arriba y para abajo. Podría fugarme con él. Quizá a usted le conocen mucho por la zona y saben que si sale del banco, sale con mucho dinero y para evitar sustos me ha contratado a mí. Tengo esa sospecha, es una sospecha lógica. Me gustaría saber la verdad, sólo eso.

Me siguió mirando a los ojos y con voz calmada me dijo:

—Sí, confieso que esa es la verdad. Me han robado varias veces, la última me tiraron al suelo. Tengo casi ochenta años, tengo mucho dinero y la idea de que me den de hostias no me apetece nada. Me tienen fichado. No es que quiera que te den de hostias a ti, es más, me pareces un chaval cojonudo y te lo digo de verdad, simplemente a ti no te conocen, hasta que te tengan fichado podrían tardar una temporada y evitamos más sustos. Pero tus sospechas son ciertas, no quiero seguir yendo yo a por el dinero y por eso pensé en fichar a alguien. Tú eres tan alto y se te ve tan en tu mundo que pensé que contigo se lo pensarían más. Te pido disculpas, Isra, no quiero que te hagan daño, pero me has pedido la verdad y la verdad es esta.

—Muchas gracias. No hay el menor problema. Le agradezco su sinceridad. No me molesta que me haya contratado para esto. Seguiré haciendo el mismo trabajo si a usted le parece bien. No tengo miedo de que me intenten robar.

El tipo se levantó, me sonrió y me estrechó la mano. Fuerte.

Y en aquel instante, ese hombre se ganó mi respeto. Bien me podría haber mentido, haber endulzado la realidad, haberme hecho creer otras cosas, pero me dijo la verdad. Aunque era incómoda, me dijo la verdad. No me engañó y con ello me mostró respeto. Y esa lección es algo que debes aplicar siempre para vender. Di la verdad. No finjas, no mientas. No es una cuestión de ética, que también podría serlo. Es simplemente una cuestión de respeto y de que es mucho más rentable vender diciendo la verdad. Hay que vender diciendo la verdad para vender mucho más. Esta fue una lección impagable y siempre le estaré agradecido a mi primer jefe.

Seguí trabajando allí una temporada. Nunca me robaron.

El día que decidí cambiar de aires me dio un sobre con el equivalente a cinco sueldos y me dijo: «Llegarás muy lejos en esta vida, chaval, hay muy pocos como tú». Yo no me lo creí, no me sentí especial. Aunque lo agradecí, no me sentí especial.

Yo lo único que quería era follar con alguna chica del barrio.

9

Obsesión por la verdadera razón

La mayoría de las personas no dan las verdaderas razones. Quiero decir, cuando tratan de vender lo que sea, no dan las verdaderas razones.

Si vas a rebajar el precio de lo que sea que vendas, debes dar una verdadera razón para hacerlo. No basta con decir que está en oferta o rebajas. Tienes que decir la razón por la que está en oferta. Debes ir más allá. De esa forma resultarás mucho más creíble y persuasivo. Para vender hay que decir la verdad, pero hay que hacer que esa verdad sea interesante. De esa forma la gente tendrá motivos para actuar.

Tienes que dar a la gente una razón para que haga las cosas. Debes explicar por qué tu producto/servicio es la mejor opción, pero nunca olvides que mientras lo haces la gente no te creerá. Me tienes que dar una razón para actuar. Si quieres vender, simplemente indica tus razones de manera inteligente. No podemos ser perezosos aquí. Y te ponía al principio el ejemplo de ofertas o rebajas porque es donde más claro se ve. Como es una oferta, como es una rebaja, mucha gente piensa que ese ya es argumento suficiente y no es así. Eso no es suficiente. Lo único que sucederá si no explicas por qué vendes más barato es que parecerás necesitado. No hay peor emoción que puedas trasladar en la vida, sea en el ámbito que sea, que parecer una persona necesitada. Esto aplica para vender o para follar. Da igual.

Así que al margen de que no me gusten las rebajas ni las ofertas, vamos a pensar que por la naturaleza de tu negocio sí tienen sentido. Pues debes pensar qué mensaje las acompaña para que sean realmente atractivas.

Imagina que tu anuncio dice: «Camisetas un 75 por ciento más baratas».

¿Por qué razón las dejas tan baratas?

¿Las has robado?

¿Arden cuando las metes en la lavadora?

¿Qué hostias les pasa a tus camisetas?

Tienes que dar la razón verdadera.

Entonces si las bajas un 75 por ciento porque, por ejemplo, tu novia te ha dejado y era un negocio que teníais a medias y ahora cada vez que ves una camiseta te pones a llorar como si tuvieras tres años y te despertaras solo en mitad de la noche, dices: «Camisetas un 75 por ciento más baratas porque este negocio lo tenía con mi novia, lo hemos dejado y no quiero ni camisetas, ni negocios, ni novias».

¿Entiendes? Esto es para que lo veas, hay que dar la razón verdadera. Es imprescindible. Es muy poderoso hacerlo. No puedes suponer que los demás lo van a interpretar, se lo tienes que dibujar en la mente. Tenemos que hacer el esfuerzo y ese esfuerzo se verá ampliamente recompensado. Prueba esto cuando no te esté funcionado alguna campaña. Es posible que no estés dando la razón verdadera y eso lo lastre todo.

Vamos a ver otro ejemplo en casos opuestos:

- Clases de pilates más económicas de lo normal.
- Clases de pilates a un precio más alto que la media.

Si vendes clases online de pilates y el precio es más bajo porque tienes menos gastos de infraestructura, ¡tienes que decirlo! No puedes ponerlo más barato y decir simplemente «clases de pilates económicas» o «20 por ciento más baratas». Eso es un error y un horror, muy habitual, por cierto. La gente cuando vea eso podría pensar, sencillamente, que son de menor calidad o están masificadas o lo que sea. Te devalúas. No puedes venderlas así. Di que el precio se debe a que tienes menos costes de infraestructura que repercuten en los precios finales para los clientes. El mensaje, valiendo lo mismo, siendo tú el mismo, es totalmente diferente. ¿Puedes ver la importancia que tiene esto?

Ahora, al revés. Piensa que tus clases de pilates son más caras que las de la competencia. ¿Te vas a limitar a decir que cuestan X, siendo eso bastante más caro, y que el mensaje sea igual que los otros? ¿Por qué te iban a pagar más a ti, entonces? Si la razón es un trato más personalizado, dilo. Si la razón es menos gente, o mejores instalaciones o mayor experiencia del profesorado, todo, dilo. Aporta claramente tu valor añadido. Da la razón verdadera. Me he encontrado mucha gente que no quiere decir determinadas cosas por si es prepotente. No, no lo eres. Pero si no comunicas tu valor añadido lo que serás es pobre.

Es lo que hay.

10

En el centro del universo

Una cosa.

Una cosa importante antes de ir al centro de universo.

¿Tú sabes lo que estás vendiendo? En serio, te lo estoy preguntando en serio.

¿Tú sabes lo que estás vendiendo? Si no sabemos eso, no podemos viajar al centro del universo. Te lo pregunto porque mucha gente no lo sabe. Mucha, mucha. Lo mismo crees que lo sabes y no lo sabes. Y quizá creas que lo sepas y estés en lo cierto. Saber responder esa pregunta es de esas cosas que marcan el futuro de un negocio.

¿A qué me refiero?

Sencillo.

Una inmobiliaria de lujo no vende casas. Vende estatus.

No estás vendiendo entradas para tu espectáculo de magia. Estás vendiendo recuerdos inolvidables para tus hijos.

No estás vendiendo la membresía para un gimnasio. Estás vendiendo un estilo de vida.

No vendes gafas. Estás vendiendo ver la vida de manera más clara y a la gente que quieres, más guapa.

Dicho esto, ¿tú sabes lo que estás vendiendo? Puede que sí, puede que no. En todo caso, te voy a proponer un ejercicio muy simple para llegar a ello.

Proyecta en tu cabeza el beneficio principal, el gran beneficio de lo que haces.

Tú no vendes hornos para hogares particulares, vendes amistad alrededor de una mesa. Porque el gran beneficio de un horno no es su potencia, ni su diseño, es poder preparar platos ricos con los que disfrutar entre amigos y familia. Vendes la experiencia. El horno no es nada. Un horno es un puto horno. A nadie le importa un horno. Lo importante es lo que lo rodea.

Y vamos más allá. Si vendes hornos para restaurantes y negocios de hostelería en general, tampoco vendes hornos. Vendes mayor satisfacción para tus clientes, mayor rotación de mesas, ahorro de costes... Lo que sea que te ofrezca ese horno. Así que procura no ir mucho a las características y sí a la experiencia del gran beneficio. Eso es lo que vendes.

En el centro del universo

Ahora vamos a ver los tres argumentos de ventas más importantes y reconocibles.

Hay una cosa que está muy clara y es que llevamos escuchando durante muchísimo tiempo que el cliente es el centro de todo. Yo no digo que esto sea verdad, no digo que sea mentira. No voy a entrar en ese debate. Pero creo que se dice por decir. O sea, que no pensamos realmente en lo que decimos. Que muchas veces repetimos las cosas. Todos. En algunas ocasiones, sin tener muy claro por qué decimos lo que decimos. Y me da la sensación de que muchísimas veces, cuando hablamos de poner al cliente en el centro de todo, se repite sin saber por qué se hace.

Entonces, ¿cómo argumentar cualquier cosa que vendas?

Cuando vendemos algo, debemos tener claro que las personas, por encima de todo, buscamos tres cosas en esta vida. Luego estas tres cosas tienen muchas ramificaciones, pero las tres cosas principales son las que todos conocemos:

- Salud
- Dinero
- Amor

Con todo lo que esto conlleva. Y con todos sus matices.

Por ejemplo, la salud la podemos querer para viajar, para hacer deporte, estar más guapos, ligar más, tener más energía, salir a tomar café, jugar a las damas cuando somos mayores con nuestros amigos jubilados... Hay muchos matices detrás de la salud.

El dinero también vale para viajar o para lo que nos dé la gana. Para tener tranquilidad, para librarnos de recibir órdenes, para no tener que escuchar más el despertador, para darnos todo tipo de caprichos, disfrutar en restaurantes de ensueño, comprar nuestros coches favoritos... En fin, hay mil cosas y para cada uno significará una diferente. Aunque sea en general lo mismo, para cada persona tendrá su matiz.

En el amor buscamos sentirnos más queridos, aumentar nuestra autoestima, sentir protección, la sensación indescriptible de que le importamos a alguien, compartir ilusiones, evitar la soledad... Sentirse solo posiblemente sea el dolor más grande que tenemos los seres humanos. La sensación de estar solos puede ser un pozo realmente complicado. O no, puede que sea una bendición y motivo de celebración.

Podemos ver muchos matices. Pero todas las personas tratan de buscar como eje principal estas tres cosas. Y ahora, ¿cómo hacemos que nuestro producto sea el centro del universo? ¿Cómo conseguimos que nuestro producto sea el centro del mundo?

Pues situándolo delante como el *puente* que hay que cruzar para llegar al deseo final de todo ser humano.

Por ejemplo, para entenderlo... Cuando tú ves un anuncio de coches, ¿qué venden? Venden libertad. Venden estatus. Lo asocian al coche. Y eso se puede hacer con cualquier cosa.

Si vendes un aspirador y resulta que tiene una potencia que te permite tener la casa limpia el doble de rápido, vendes la libertad de disponer de más tiempo. Tiempo que puedes dedicar a cuidarte haciendo deporte o a cultivar tu relación de pareja.

Si vendes psicología, estás vendiendo bienestar emocional (salud). En este caso está claro. Puede que en otros no tanto, pero sólo tienes que profundizar y darás con ello. Si vendes vuelos en parapente, por ejemplo, piensa que vivir ese tipo de experiencias, poder contarlas y compartirlas te hará, inevitablemente, una persona más aventurera, más atractiva. Y eso nos trae amor, ser queridos y admirados.

Se trata de asociar ideas y convertir tu producto, por unos instantes en la vida de tus potenciales clientes interesados, en el producto más importante del mundo, en *el centro de su universo*.

Otro ejemplo: meditación. Debes anclar la idea de que si meditas, vas a tener más salud, lo cual te permitirá disfrutar de todo mucho más. En vez de centrarte en lo que es la meditación como tal, debes asociar la idea de lo que conlleva la meditación. No debes hablar de salud, sino asociar lo que vendes como un paso imprescindible para llegar a ella. Esto vale para yoga, pilates, lo que sea.

Y no se trata de engañar, por supuesto. No tiene nada que ver con eso. Tu producto tiene X beneficios. Los debe tener, porque si no, el problema no es el mensaje, sino el producto. Y lo tienes que asociar a lo que la gente busca, con el resultado final que todos buscamos.

Otro ejemplo, si vendes un curso de matemáticas. La idea es que las matemáticas y su conocimiento te deben dar más libertad financiera, más cultura, más habilidad mental, más prestigio profesional... Todo esto va inevitablemente ligado con el dinero. No se trata de decir: «Haz mi curso de matemáticas y hazte rico». No. Se trata de decir, con unas palabras u otras, que no debes pensar en hacerte rico y que luego ya me comprarás el curso, sino que si te formas en esto, las posibilidades son mucho más grandes. Mucha gente, cuando vende libertad para cambiar de trabajo, recibe respuestas de sus potenciales clientes diciendo: «Bueno, primero voy a ver si consigo dinero y ya me plantearé esto». La idea que debes plasmar es que será más sencillo cruzar al otro lado si dispones de un buen puente para hacerlo. Y tú tienes que ser siempre el puente.

Entonces lo que hay que pensar es, realmente, cuáles de los matices de los tres deseos principales que tiene todo ser humano están asociados a tu producto. Da igual lo que vendas. Estoy seguro (puedes estarlo tú también) de que va a haber alguno asociado. Hasta si vendes camisetas. Las camisetas pueden hacerte parecer más atractivo, con lo cual es más fácil conseguir amor o conservarlo. Todo lo puedes asociar a algo que sea irresistible para el ser humano.

A ver, hay casos muy evidentes... Si vendes un curso de cocina es muy fácil asociarlo a la salud. Pero a lo mejor si vendes un curso de reinvención laboral, mucha gente puede pensar que primero tiene que ganar dinero y luego hacer el curso. Y el matiz es que es justo al revés: primero debes hacer el curso, que es lo que te lleva el dinero y no al revés. Siempre y cuando sea verdad.

Si vendes prevención de riesgos laborales, ¿qué debes hacer? Asociar la idea de tus textos con mayor protección de la salud. Ese es el tema que quiero que quede claro. Absolutamente todo, todo lo que vendemos, lo podemos situar en el centro.

Haz este ejercicio:

1. Piensa en eso que vendes.
2. Piensa en los matices de tu producto o servicio que tienen que ver con cualquiera de estas cosas: salud, dinero o amor. Algunas cosas están en común, no digo que tengas que hacer algo extraordinariamente exhaustivo, pero sí un poco de esfuerzo.
3. Y por último, piensa a qué te lleva eso.

Por ejemplo, imagínate que vendes un curso para prospección telefónica. ¿Qué te da eso? ¿Cuál de las tres cosas te da? En principio, amor y salud no. Te da dinero. ¿Y qué trae el dinero? La libertad, decíamos antes. Tranquilidad, poder comprar caprichos... Juega con esos matices y asocia la idea de tu curso, tu producto o tu servicio como el puente imprescindible. Colócalo en el centro de tal manera que la asociación de ideas fluya al mismo sitio. Si no lo haces bien, si la gente no ve cuáles son los matices siguientes, los beneficios finales, no va a profundizar. Porque debes tener algo claro: la gente no quiere aprender cosas. La gente no quiere aprender idiomas, quiere hablarlos.

Eso es lo importante. Entender eso.

Este es un análisis que hago siempre que voy a escribir una página de ventas o de captación o lo que sea. Pienso: amor, salud, dinero y todos sus matices. Luego pienso en el producto. Pongo el producto a un lado de la página, pongo estos matices al otro, y cruzo las líneas. Y en las líneas que se cruzan, que quedan en el centro, es donde voy a colocar el producto. Lo convierto en el puente que necesitas para alcanzar eso que quieres con relación a lo que yo vendo.

Si yo vendo con características, si vendo diciéndote lo que vas a aprender, no estoy haciendo nada. Estoy dejando el puente sin suelo. Entonces la gente pasa y se cae al río y se ahoga. Sin embargo, si consigo unir en una asociación de ideas el objetivo final de todo ser humano sobre la tierra (que es alguna de estas tres cosas) y los matices que conducen a lo que yo vendo... Si consigo hacer esa asociación y colocar mi producto como elemento para conseguir eso que buscas, inevitablemente lo estoy dibujando en la mente muchísimo mejor.

Hay que saber dibujar en la mente de la gente. Luego veremos más de eso pero quédate con esto que estamos hablando ahora, es muy importante. Cuando hablo de *dibujar en la mente* me refiero a este tipo de cosas. Es ser capaz de entender esto. Entonces, repito, hazte un esquema:

- Salud
- Dinero
- Amor

Piensa en todos los matices. Puedes poner muchos más de los que yo he puesto aquí. Pon enfrente tu producto, tu servicio, tu curso, lo que sea que vendas. Tiene que haber puntos que al unirlos, aunque lo que vendas sean tornillos, se crucen con alguna de estas cosas.

—Hala, qué exagerado lo de tornillos...

Pues sí, tornillos. Los tornillos te sirven para construir una mesa. Una mesa que esté muchísimo mejor hecha con la que puedes sorprender a tu pareja. Eso va a hacer que tengas una mejor relación, vas a tener un hogar más seguro, van a quererte más. No digo que vendas tornillos contando que «tu pareja te va a querer más si compras estos tornillos». Se trata de entender los matices. De entrar en profundidad. Se trata de vender la idea de que esos tornillos te permitirán un nivel de bricolaje que haga que tu hogar sea muchísimo mejor. Que puedes sorprender, que puedes arrancar una sonrisa a tu pareja con ese mueble flotante que has hecho. Estamos hablando de tornillos. Estamos hablando de maderas. Todo puede ser emocional. Un tornillo o un servilletero, también. Esta es la profundidad de dibujar en la mente de la gente. Hay que esforzarse.

Podría estar así durante los próximos quince años, dándote cuatro fórmulas, dándote una estructura muy clara que funcione muy bien y ya está. Pero esto no es así. No es tan cuadriculado. Hay que esforzarse un poco más, tener un mayor impacto. Tienes que hacer este ejercicio tú mismo. Nadie puede hacerlo por ti. Y por eso dibujar en la mente de la gente es un trabajo tan valorado.

Insisto... En un lado, las tres cosas que más desea el ser humano con todos sus matices. En el otro lado, lo que vendes.

Únelo. Asócialo. Y cuentas eso. Pon el producto en el centro del universo.

No andemos pensando en lo que la gente quiere aprender. La gente no sabe lo que quiere. Ninguno de nosotros lo sabe. Sin embargo, esas cosas que estoy comentando (salud, dinero y amor) nos hacen sentir bien y ya está. Pero no sabemos muy bien dónde buscarlas, cómo encontrarlas. Tenemos que ser listos y saber asociar ideas. Si vamos a vender las maderas y los clavos, no se trata del trozo de madera y sus características y su tamaño. Se trata de que vas a poder crear una casa y tu pareja va a decir: «Uh, buen chico». Ya sabes, ¿no? Pues de eso se trata.

Así se pone en el centro del universo nuestro producto.

11

Soy mejor copywriter que tú

Las fórmulas no sirven de mucho. Son el argumento al que se agarra el novato o el perezoso. Todas esas fórmulas de copywriting que vemos por ahí, PAS, AIDA y las demás. Mucha gente quiere vender un montón, ganar un montón, tener un montón de éxito y se aferra a algo precocinado. No, joder, la vida no es tan triste. Es más intenso, más profundo, más divertido. No te pueden dar el premio al Mejor Cocinero del Año si vuelcas una lata de atún en un plato y le pones un tomate para adornar. Tienes que ir más al fondo, más adentro. Esforzarte más. Todas esas fórmulas muy rápidas para ganar dinero no funciona así. No significa que no puedas ganar dinero muy rápido, claro que puedes, pero vas a tener que pensar por ti mismo. No hay que inventar nada, pero hay que tener más personalidad que una pastilla de cloro. No se trata de fórmulas encorsetadas. No digo que no esté bien conocer algunas, saber de qué va eso, pero ahí no está la fuerza, el fuego, lo que hará que miles de personas digan: «Quiero eso». Si fuera tan fácil, cualquier pardillo que sepa la fórmula PAS se haría rico mañana. No. Tienes que pensar como un escritor, tienes que sentir como un escritor, tienes que ser un escritor. No te hablo de un talento para la novela, te hablo de otro tipo de talentos. Tienes que ser capaz de emocionar, hacer sentir cosas. Vendas lo que vendas en el nicho que lo vendas, si eres capaz de hacer eso, arrasarás con todo.

Mira a los buenos guionistas, esa gente es capaz de tenerte enganchado a la pantalla porque saben escribir buenas historias y saben captar tu atención. Ese es el negocio. El negocio no es ser un aburrido con un palo metido por el culo pareciendo muy profesional. Eso es no entender nada.

Vivimos en la era de la atención. Esto es fácil de entender. Recibimos miles de impactos publicitarios diarios. Queramos o no. Si alguien está con su móvil subiendo y bajando, mirando por mirar y consigues detenerlo, si escribes algo que haga que se pare y mire y vuelva a mirar... Eso, si sabes hacer eso, te haces rico. Muchas empresas gastan miles de euros en estrategias de todo tipo y no saben hacer eso. Y es por eso que la mayoría cierran muy rápido y no son rentables. Vivimos en la era de la atención.

¿Y cómo la conseguimos?

Espera, ahora vemos todo eso. Te lo voy a contar y lo vas a comprobar. Pero debes esperar un poco.

Lo primero que debo dejar claro es que vivir y vender es lo mismo. Vendemos desde que nacemos. Cuando eres pequeño, para luchar por la atención de tus padres. En el colegio, para que te haga caso una profesora. De adolescente, por ligar con esa persona que tanto te gusta pero a la que le gusta otro. Luego para buscar trabajo, para vender tus ideas, para ver una película y no el coñazo de películas que le gustan a tu pareja. Para todo. Estamos toda la vida vendiendo. Varias veces al día, constantemente.

Entonces no vale con que alguien diga: «A mí no me gusta vender». Eso es una tontería, es como si dices: «A mí no me gusta respirar». ¿Qué cojones dices? Pues eso.

Bien.

Vamos a ver qué hace una persona con la famosa fórmula AIDA, pero que en realidad no le sacará apenas partido. Esta fórmula debe estar en unos 20 millones de blogs. Significa *A* de atención, *I* de interés, *D* de deseo y *A* de acción. Pues muy bien. Saber eso no sirve de mucho. Es como tener una mesa y que le falten las patas. Entonces tienes una tabla, una tabla es una tabla, pero no es una mesa.

En este ejemplo de anuncio verás cómo se suele utilizar eso, una fórmula y por qué no funciona sin saber unas reglas básicas que van mucho más allá de saberse la fórmula.

Es un anuncio real.

> **¿Quieres alcanzar la vida de tus sueños?**
>
> En nuestra mentoría podrás alcanzar tus metas utilizando nuestras estrategias de desarrollo personal y PNL.
>
> Accede por 1197 € y hazlo desde donde quieras, por ejemplo desde la comodidad de tu casa, es todo online
>
> Si reservas ahora te llevas un bonus de XXX para respirar con consciencia y bajar los niveles de estrés al mínimo con sólo 5 minutos al día.

A: ¿Quieres alcanzar la vida de tus sueños?

I: En nuestra mentoría podrás alcanzar tus metas utilizando nuestras estrategias de desarrollo personal y PNL.

D: Accede por 1197 € y hazlo desde donde quieras, por ejemplo desde la comodidad de tu casa, es todo online.

A: Si reservas ahora te llevas un bonus de XXX para respirar con consciencia y bajar los niveles de estrés al mínimo con sólo 5 minutos al día.

Este anuncio está redactado, sin lugar a dudas, por una persona que hizo un curso de copywriting o leyó la fórmula por ahí. Es evidente que la conoce, como también es evidente que la está aplicando sin entenderla.

Y así, ¿cómo piensa vender?

Lo primero que debes evitar, lo primero de todo, es que la gente cuando vea un titular tuyo, piense: «Sí, claro, lo que tú digas». Eso nos los enseñó el maestro Gary Bencivenga. No podemos activar ese resorte, no podemos poner a la gente en posición de desconfianza. No pueden leernos y pensar que estamos exagerando y/o mintiendo. Hay que tener mucho cuidado con las promesas a las primeras de cambio. Si tú escribes una buena carta de ventas (página de ventas en el mundo online, para entendernos), debes tener mucho cuidado con que el titular ponga en guardia a la gente y de forma consciente o inconsciente piensen: «Sí, claro, lo que tú digas». Si eso pasa, te cargas la venta nada más empezar. Ojo con eso. Según se vayan deslizando en la carta, la carga emocional de tus promesas puede ser mucho mayor, pero de entrada, ten mucho cuidado. Por eso siempre se dice que si logras que lean las primeras 10 líneas de tu carta, lo van a leer todo. Sinceramente, no sé si serán 10 o 27 o 3,7, pero sí te digo que si haces una promesa exagerada, estúpida o poco creíble al principio, vas a vender mucho menos. Por supuesto, si es muy muy bizarra y rara podría funcionar, pero ese es otro tema y ahí no salta el «Sí, claro, lo que tú digas».

Vale, sabiendo esto, el titular del anuncio del ejemplo es malo, por tanto, el anuncio ya no sirve para nada.

> **¿Quieres alcanzar la vida de tus sueños?**

Ese titular es malo porque pone en guardia. Quizá estés pensando que estas cosas funcionan porque las has visto mucho, pero no, la mayoría de la gente imita porque el ser humano es gregario y hace muchas cosas sin pensar. Prueba y verás.

> En nuestra mentoría podrás alcanzar tus metas utilizando nuestras estrategias de desarrollo personal y PNL.

Todo lo que escribamos después de poco sirve, porque les hemos puesto en guardia desde el principio con un titular exagerado y vacío. (Además de muy visto).

> Accede por 1197 € y hazlo desde donde quieras, por ejemplo desde la comodidad de tu casa, es todo online.

Sólo quiero hacer un breve comentario de estas líneas. La gente de marketing que no sabe de marketing dice que los precios acabados en «7» convierten más.

> Si reservas ahora te llevas un bonus de XXX para respirar con consciencia y bajar los niveles de estrés al mínimo con sólo 5 minutos al día.

Esta es la acción. Pues nada. Anuncio fallido. ¿Conoce AIDA? Sí, seguro que la persona que redactó el anuncio la conoce. Ahora, ¿sabe las cosas que de verdad motivan a que los seres humanos tomen acción? No.

Y así, mal vamos.

12

Soy peor copywriter que tú

¿Cómo resultar más persuasivo? ¿Más atractivo? Voy a repetirlo: profundidad.

¿Sabes qué pasa? Que no se profundiza. Una vez ayudé a una chica que quería vender un curso para ser influyente en RR. SS. Entonces la chica hizo una carta de ventas y la colgó en su web. No vendía nada. Nada. Le revisé la carta. En la carta además de aplicar alguna de esas fórmulas sin entenderlas, les estaba contando cómo hacer para ser influyentes. Era un curso dirigido a chicas entre 20 y 35 años que querían ser famosas online. Y les contaba cosas como qué horas eran buenas para publicar, la duración de los contenidos, la frecuencia semanal con la que impactar...

A ver, haber, haver...

¿A quién le importa eso?

Las personas no queremos aprender inglés, queremos hablarlo.

Entonces, hay que pensar: ¿Qué quiere una chica de alrededor de veinte años cuando está sola en su cuarto fantaseando con hacer un curso para ser influyente?

Desde luego no fantasea con la duración de los contenidos, ni con las horas de publicación. Lo que realmente está deseando es hacerse famosa e importante para poder decirle a su novio: «Ojo, que tengo a 10.000 detrás de mí». Para poder decirle a su madre: «Mira, mamá, decías que esto era una tontería y me siguen 200.000 personas y me pagan 2.000 euros por decir que esta barra de labios es genial aunque no tengas labios». Para poder decirles a las amigas: «¿Habéis visto toda la gente que me sigue y todas las fiestas a las que me invitan?».

Eso es con lo que fantasean. Eso es lo que realmente desean. La mayoría de la gente escribe quedándose en la superficie, no cometas ese error. Debes conocer las motivaciones ocultas y verdaderas. Una cosa es lo que dice la gente y otra lo que realmente quiere o piensa. Es casi imposible que eso coincida. Y más ahora con las RR. SS., que todo el mundo sabe tu cara, tu nombre y apellidos y hasta lo que cenas. ¿Cómo vas a ser realmente sincero así?

Escribí un e-mail el día 14 de octubre del 2022 que decía así, al respecto de todo esto, copio y pego:

> Te voy a contar algo que dice Bob Dylan y que es absolutamente necesario para la venta.
> ¿Qué dice el viejo Bob?
> Algo así...
> «Cuando alguien use una máscara, te dirá la verdad. Cuando no lleva una máscara, es muy poco probable».
>
> Qué bueno Dylan.
> Vale, ¿a qué me refiero?
>
> Pues que si tú te vas a cualquier RRSS, al no haber ningún anonimato, al estar tan expuestos (y controlados) casi todo el mundo dice las mismas tonterías y de la misma forma.

Quiero decir, piensa por un momento...
... Que supieras, con absoluta certeza, que puedes decir todo lo que piensas y desees (DE VERDAD), con total anonimato. Que sea imposible que nadie sepa que eres tú.

Es seguro y no hace falta ser muy listo para saberlo, que dirás cosas que jamás te atreverás a decir en una RRSS donde todo el mundo sabe tu nombre, tu cara y hasta lo que cenas.
Por eso las RRSS me parecen un coñazo.

Es todo real, por tanto, es todo falso.

Bien.
Si yo quiero investigar a mis potenciales clientes no escucho lo que dicen en una RRSS porque sé que al no llevar una máscara, dirán principalmente mentiras.
Y lo que busco y pretendo, es conocer los deseos ocultos.
Es ahí y sólo ahí, donde está la venta a lo grande.
Es saber qué quiere la gente de verdad, no es saber lo que dicen.
¿Qué más da lo que digan si no es cierto?

Lo que dicen es principalmente lo que creen que tienen que decir para encajar.
Lo que desean... eso es otra cosa.

Entonces, ¿cómo puedes saber este tipo de cosas?
En mi libro te lo cuento y lo mejor, te lo muestro.
A ver, haber, haver... que si buscas que te dé una

> fórmula y un perfil de alguna red social de mierda, no pierdas el tiempo ni el dinero.
> No es para ese tipo de gente.

No sirve con lo que te diga la gente, tendrás que ir mucho más allá. Tendrás que escucharlos entre líneas. Que hablen mucho y ver sus motivaciones mucho más allá de lo que realmente dicen.

En este libro te he enseñado a investigar, pero ahora te voy a mostrar (y demostrar) pasos psicológicos imprescindibles para ir mucho más allá. Debes tener claro que para triunfar en esta vida no se necesita suerte, que no digo que no esté bien, no voy a entrar ahí. Lo que digo es que, de forma imprescindible, para triunfar vas a tener que callarte la boca.

Tienes que ser egoísta y dejar hablar a los demás. Está en los demás todo lo que necesitas.

Así que cállate.

Si te fijas en un detalle importante, la mayoría de las personas cuando están con un grupo de gente no están escuchando. Están deseando que el que está hablando se calle para intervenir ellos. Eso es lo peor que puedes hacer. Y no te hablo de una cuestión de educación, que también, te hablo de que tienes que ser mucho más egoísta, tienes que dejarlos hablar. La gente te lo contará todo, no lo podrán evitar. Si tú eres muy egoísta y los dejas hablar, sólo tendrás que utilizar esa información para poder vender lo que sea que vendas. No hay ninguna duda al respecto. Encima, mucha gente creerá (con razón) que eres un conversador excelente, porque los grandes conversadores no son los que hablan mucho, son los que escuchan mucho. ¿La razón? Pues que todo el mundo quiere que lo escuchen y a las personas les encanta hablar de sí mismas. Cada día estoy más convencido de que buena parte de mis habilidades sociales, a pesar de ser un tipo antisocial que odia las fiestas de más de dos personas, se deben a que tengo una enorme capacidad de escucha. Esto es algo que puedes entrenar. Simplemente, escucha. Deja que hablen. Formula preguntas. Te lo dirán todo.

Escucha siempre. Y mira. Mira todo el rato. MIRA.

Y repito.

Sé todo lo egoísta que puedas y deja hablar a los demás.

Lo más importante es no ser uno de esos tristes que cuando ven a alguien que tiene mucho más éxito que ellos, lo critican. Los *haters* tienen problemas de disfunción eréctil mental. Tienen el cerebro en modo avión. Tienen las pelotas fuera de cobertura. No seas uno de ellos. Mira, observa y calla. No le digas a alguien que gana cada año lo que tú no ganas en 20 que es un vendehúmos o trates de burlarte. Es ridículo y de frustrado. Los líderes no hacen esas cosas. La gente verdaderamente libre no es envidiosa. Nadie nace sabiendo. Aprendemos de los demás, no vayas juzgando, ve aprendiendo. Sencillamente, te irá mucho mejor. Lo que tienes que hacer es tratar de aprender. Mira qué hacen bien esas personas. Y si no eres capaz de soportar a alguien en concreto, ignora a esa persona (será por personas y cosas que hacer) y vete a otro sitio, pero no seas envidioso y patético. En mi opinión no solicitada de hoy, no hay nada menos erótico y atractivo que una persona envidiosa. Ahora, si lo eres, debes saber que haces ganar mucho dinero a la gente inteligente. Eres tonto, pero a tu manera, rentable.

Bien.

Ahora te voy a mostrar cosas que debes saber para ganar mucho dinero escribiendo. Este tipo de pruebas las hice muchas veces, con un amigo profesor de salsa, con clases de canto, para alquilar un piso, etcétera. Si sigues los siguientes pasos es muy probable que tus anuncios sean mucho más rentables y eficaces a partir de ahora.

Lo primero que debes saber es que para hacer buenos anuncios (y cualquier otra acción de redacción, negociación o venta) debes salir de tu cabeza y entrar en la de los demás.

Antes de escribir una sola palabra debes estudiar tan a fondo el producto/servicio que vendas, tan a fondo la competencia y tan, tan a fondo al cliente al que le piensas escribir, que casi te conviertas en una de esas personas. Mujer, hombre, niña, adolescente, abuelo, domador moldavo, trapecista, da igual. Tienes que conocerle. Sentirle.

Tienes que entrar en su cabeza.

Esto lleva siendo así desde el principio de los tiempos, pero yo antes no tenía ni idea. Es más, en más de una ocasión he pecado de soberbia y no he estudiado a fondo al cliente, total, ¿para qué? Me sentía lo suficientemente bueno como para no tener necesidad. La mala noticia es que si no sabes a quién le escribes, no sirve de nada lo que escribas. La buena noticia es que cualquiera puede saber a quién le escribe.

Esto no va de modas, ni tendencias, ni secretos. Es algo mucho más primitivo. Va de la propia naturaleza humana. Así de simple.

Así ha sido, así es y así será.

Trata de conocer la naturaleza humana lo mejor posible, en la medida de lo posible y de tus capacidades para conseguir llevar emociones y vender. Ese es el reto. Esto es para empresarios, músicos, escritores, pintores, escultores... Hay que lograr emociones y que nos compren nuestras obras, nuestras ideas, nuestros servicios, lo que sea.

Hace años, puse de ejemplo en un curso de copywriting del que vendí miles de unidades a un profesor de salsa. Mi amigo Santi. Muchas personas probaron estos anuncios y los resultados fueron casi idénticos. Doblando los precios, logramos diez veces más contactos e interesados. Un anuncio lo escribió Santi y otro yo. Santi era profesor de salsa (lo es todavía). Entonces nos apostamos quién vendería más con un anuncio ofreciendo sus servicios de profesor de baile. Publicaríamos ambos en un portal de anuncios, invertiríamos 5 euros cada uno durante una semana y veríamos resultados.

Los días anteriores a escribir el anuncio me dediqué a visitar foros. En todos los foros era lo mismo. Los tíos hablaban de bailar, de unos giros, de otros, del baile como actividad física, como entretenimiento social... Llegué a una conclusión para la que no hace falta ser muy listo: los hombres querían aprender a bailar para follar.

Quieren follar más. Por eso bailan.

Si para follar más tuvieran que subir y bajar escaleras de dos en dos, subirían y bajarían escaleras de dos en dos. Entiendo que esto no lo digan en los cursos de marketing de varias cifras, pero es lo que hay. Si al hombre soltero que quiere aprender a bailar le dijeran que apoyado en la barra sin moverse le entraría la mujer más guapa del local, se amarraría a la barra con un clavo atravesando el antebrazo.

Ya conocía a mi cliente ideal, así que redacté mi anuncio.

Pero antes, veamos el anuncio que redactó Santi, el profesor.

Anuncio de Santi:

> **CLASES PARTICULARES DE SALSA Y BACHATA**
>
> Se imparten clases particulares de salsa y bachata. Más de diez años de experiencia. Nivel principiante, intermedio y avanzado. Hombres y mujeres de todas las edades. También niños y grupos. Aprenderás pasos básicos, técnicas de giro y mucho más. No hace falta que tengas pareja. Horario flexible. Infórmate sin compromiso. 30€/h.

Mi anuncio:

> **¿QUIERES APRENDER A BAILAR SIN PARECER INVERTEBRADO?**
>
> Te gusta salir a bailar. Pero te ves torpe y sólo pierdes la vergüenza cuando has bebido lo suficiente para no distinguir Paquito el Chocolatero de un vals.
>
> Podemos evitar eso.
>
> Te puedo enseñar a bailar salsa de una manera profesional y sencilla. Porque...
>
> ¿Quieres aprender y divertirte, verdad?
>
> Doy clases a hombres. Pronto te sentirás seguro y podrás bailar con tus compañeras. Soy bailarín profesional en un centro de baile y las clases

> particulares sólo las puedo impartir a cinco alumnos por mes. Me quedan dos plazas. 60 euros la hora.

Cuando nos encontramos y hablamos de nuestros anuncios, lo primero que me dijo Santi fue que mi anuncio no funcionaría. Que era divertido, pero que nadie contrataría a un profesor que habla de esa manera. Y el precio era algo elevado para la salsa porque había mucha competencia.

No me extrañó lo que me dijo. Eso le pasa a mucha gente, incluso a los que tienen negocios. No conocen a su cliente ideal. Creen que lo conocen, pero no lo hacen. No se han esforzado lo suficiente en ponerse realmente en la piel de esa persona. Muchas veces ni tienen cliente ideal.

Un hombre soltero que quiere aprender salsa piensa en mujeres. No piensa en su padre ni en su primo el de Badajoz. Piensa en mujeres. Y es evidente que si le gusta bailar y no lo hace, es por vergüenza. Y más evidente que para perderla, muchas veces las copas ayudan y cuando salen a la pista parecen gorilas lobotomizados. Todos sabemos eso. Y en caso de duda sólo tienes que salir un sábado por la noche y no beber una gota de alcohol. Verás.

Sabiendo eso, ya sé cómo le tengo que mostrar mis servicios.

Así que la idea era clara. Hablar a un público muy concreto. Sólo hombres que probablemente serían tímidos y que antes de bailar con mujeres prefieran aprender un poco. Pocos miedos más poderosos puede tener un hombre que hacer el ridículo ante la mujer a la que trata de impresionar. Y si le gusta la idea de bailar como excusa para conocerlas, pocos argumentos más deseables para aprender a hacerlo.

Hasta en la actividad más inofensiva podemos —y debemos— encontrar el punto de dolor.

Y podemos hacerlo con cierto sentido del humor. Estamos hablando de bailar, una actividad lúdica, un entretenimiento. Se puede utilizar el humor. El tipo que quiera aprender salsa y esté inseguro entiende lo que le estamos diciendo. Y sabe que, para soltarse, una copa ayuda. Nos hemos metido en su planeta, en su mundo, y eso es lo que tenemos que hacer.

Ahora, imagina un mercado totalmente opuesto. Mucho más serio. Piensa en la web de un bufete de abogados. El 99 por ciento son iguales. Dicen cosas como:

> Su caso en manos de profesionales.
>
> Los mejores abogados a su disposición.
>
> 7.000 años de experiencia.
>
> Máxima confidencialidad.
>
> Confíenos su caso y lo estudiaremos de forma personalizada.
>
> Altamente cualificados y eficaces.

Y los que se vuelven locos de creativos dicen cosas tipo:

> El interés de nuestros clientes es el nuestro.

Pues vale.

¿Qué vas a poner? No digo que eso esté mal ni que sea mentira, pero dicen eso mismo miles de abogados en sus webs. Exactamente lo mismo. No conozco a nadie que ponga en su web que es un inútil. (Aunque podría funcionar.) La profesionalidad la damos por descontada y si quieres transmitir que eres profesional, que me lo digas no sirve de mucho, la verdad. Ni frío ni calor. Me largaré de tu web y no recordaré nada.

En el caso de abogados es una verdadera pena porque raro es el despacho que no lleva un montón de años. Es habitual ver: «Fundado en 1954» o cosas así. O sea, que si visitas webs de abogados, te darás cuenta de que la gran mayoría llevan varias generaciones detrás. Y eso tiene muchísimo valor.

Y en vez de aprovechar eso para construir una identidad de marca única e inolvidable, contando anécdotas del fundador, detalles como que fue el bisabuelo el que decidió la ubicación del despacho porque se enamoró de la hija del sastre que había enfrente (lo utilicé con un cliente), o la idea de la madre de poner café reciente en la sala de espera para que el aroma hiciera sentir a sus clientes como en casa... En vez de contar algo emocional que se recuerde, describen que son muy profesionales. Y se pierden entre la masa. Se vuelven invisibles. Y en empresas que llevan sesenta años abiertas eso es imperdonable.

Cuando digo abogados, me valen dentistas, coaches, webs que vendan golosinas, da igual. Siempre hay una historia. Y debemos hilar dicha historia en la web. Tendrás más clientes y más fieles. Y no necesitas tener una empresa con varias generaciones a tu espalda. Lo puedes —y debes— hacer aunque lleves una semana en el mercado.

Muchas personas se obsesionan por describir cosas. Y las descripciones no se recuerdan. No hay mejor descripción que el prospecto de un medicamento y es lo más aburrido del mundo. Y supongo que Santi tenía esa obsesión por la descripción porque, a pesar de tenerlo delante y de reconocer que le llamaría mucho más la atención mi anuncio que el suyo, Santi estaba convencido de que el suyo tendría más contactos por tres razones.

1. Se dirigía a más personas.
2. El mío era el doble de precio.
3. El suyo sonaba más profesional.

Los puntos 1 y 2 son errores habituales. El punto 3 demostraba que Santi era divertido en persona y aburrido escribiendo porque piensa que lo aburrido es profesional. Algo también habitual. Pero no es cierto. Lo aburrido es aburrido, lo profesional es otra cosa y la corrección política está matando la creatividad de muchas personas.

Su anuncio sólo sonaba más profesional en su cabeza y en la cabeza de alguien que no sabe a quién le está hablando. Al público al que va dirigido, el hombre tímido que quiere aprender salsa, le has puesto delante SU problema y la solución que necesita. Has hablado su idioma.

Un anuncio te describe y el otro te sacude.

¿Qué le hacía pensar que describir es más profesional?

Pues no sé, pero a mí siempre me benefició mucho en mi trabajo. Y cuando acabes el libro es muy posible que a ti en el tuyo.

Y lo del precio, no quiero pasar por alto lo del precio. La creencia de que el precio es lo más importante. Eso es una tontería, el precio es sólo un elemento más, en muchas ocasiones no está ni entre las tres cosas más importantes. Hay personas que llevan un reloj de 20 euros, otros de 20.000 y otros ni llevan reloj. Pensar que todo se reduce al precio, olvidar las emociones, la experiencia, el estatus, los miedos, el dolor, la envidia, el ego… Pensar que todo es racional y que todo gira alrededor del precio habría colapsado la humanidad. El mundo no sería mundo.

¿Cuántos millones de ejemplos te puedo poner? Pasaríamos aquí toda la eternidad. Madre mía... es infinito.

Con dieciocho años trabajaba haciendo zanjas. Era en un polígono a las afueras. Iba con mi amigo Mario (ahora trabajamos juntos otra vez, soy afortunado por ello). Todos cobrábamos una miseria, pero había chavales que iban con un BMW. Casi la mitad del sueldo se iba ahí. Otros iban en coches normales. Mario iba en un 4L que costaba menos de uno de nuestros sueldos miserables y yo iba con Mario porque prefería ir con él o andando antes que comprarme un coche. Quizá no te parezca el estudio más sesudo de marketing al respecto, pero es la vida. Si nos fijamos más en la vida, en las borracheras, en las resacas, en el dolor, en los cuernos, en la incertidumbre, en los complejos, en los miedos, en todo lo que rodea lo que nos rodea, sabremos más de marketing que la inmensa mayoría. No es tan complicado, de verdad que no lo es.

Antes de seguir con el anuncio, los resultados y el análisis (el análisis... verás), quiero apuntalar bien lo del precio. El precio, el precio, el precio... La gente con obsesión por el precio... En vez de aprender a vender les obsesiona el precio, en fin.

Te pongo un ejemplo rápido. Una vez me preguntó un tipo qué podía hacer si vendes algo que es igual que lo que venden los demás, pero la competencia lo baja 5 euros. Qué hacer en un caso así. Joder, el tío andaba acojonado por si la competencia bajaba el precio. Eso es como tener miedo porque venga un tío más guapo que tú. ¿Qué importa eso? Siempre habrá alguien más guapo, más listo, más rico, más alto que tú. No compites con ellos. El juego no está ahí. No puedes ser tan pardillo. Te haces trampas a ti mismo, te condenas a la mediocridad absoluta. No puedes tener esos miedos. Repito, el juego no está ahí. Igual que jamás estará en los precios si lo que realmente quieres es ganar dinero. Estamos en la era de internet. Tú puedes necesitar 3.000 euros para vivir y llegar un competidor que viva con sus padres o que tenga veinte años y con 750 euros sea el rey del barrio. ¿Qué piensas hacer entonces?

Bueno, lo primero que le dije al tipo fue que no dijera tonterías. A ver, se lo dije con mano izquierda, traté de ser educado con él, pero es que decir eso es una tontería. Es bueno empezar sabiendo la verdad. Esto del precio es un error extraordinariamente habitual. No hay que torturarse por pensarlo, pero hay que dejar pronto de pensarlo.

No es cierto que la gente se vaya con otro por 5 euros. Si eso siempre fuera así, no se vendería nada que fuera más caro que lo demás. Todo quedaría paralizado. Dejaría de existir el valor añadido. Tenemos que aprender a crear valor añadido y una gran experiencia de compra. Eso es mil veces más importante que el tema del precio. Mucha gente se obsesiona por el precio, pero nuestra obsesión debe ser saber vender. Para eso estamos aquí. Para aprender a vender y a vivir, que es lo mismo. Imagina que vendes cosas para decorar tu hogar. Imagina eso por un momento. Mesillas de noche, lámparas, cortinas, en fin, lo que sea. No puedes tener miedo porque otro venda más barato. Debes pensar cómo mejorar su experiencia de cliente. Si comunicas igual que los demás, lo dices todo igual que los demás, si vendes igual que los demás, ¿qué te queda? El precio, pero ¿y si haces otras cosas? ¿Qué cosas?

Por ejemplo...

No sé, organizas un *webinar* mensual con ideas de decoración e invitas a todos los clientes. O les mandas un pequeño audio vía e-mail para darles ideas de decoración. Potencia tu imagen de marca. En absolutamente todos los negocios se puede hacer esto. Da igual lo que vendas. Les puedes dar un valor añadido.

No te puedes preocupar porque alguien venga con 5 euros menos. Si haces eso, no estás trabajando en la dirección correcta. Esos clientes que buscan ahorrarse 20 céntimos y no valoran nada más son ideales... para la competencia.

Bueno, venga, ahora sí, vamos con lo del anuncio de Santi que vas a ver cosas que lo mismo te interesan. Cuando abrimos Gmail, el anuncio descriptivo de Santi tenía dos solicitudes de información.

El otro once.

Dos.

Once.

Repito.

El de Santi, dos.

El mío, once.

Y no sólo eso, en el anuncio descriptivo pedían información de manera vaga.

En el otro era muy diferente. Tíos que escribían diciendo que justo así era como se sentían... Dos, que si podían empezar esa misma semana. Incluso uno de ellos ofreció pagar algo más para asegurarse una de las dos plazas para el mes siguiente, ya que ahora no podía empezar. Eran personas realmente motivadas.

Santi se digirió a todo el público posible: hombres, mujeres, niños y grupos.

Yo sólo a hombres. Además, a un nicho todavía más reducido: el de principiantes torpes.

Un anuncio pedía 30 euros la hora. El que funcionó de verdad, el doble.

Santi me pagó un par de pintas de Spaten y me dijo entre risas que tenía que enseñar todo eso y escribir un libro. Primero hice un curso, daba soporte, audios, estructuras y todas esas cosas. El libro es el que tienes entre manos. Lo novelé porque vender y vivir es lo mismo.

Y así lo hice.

Y todo está en el libro que estás leyendo ahora y que te enseñará algunas de las cosas más importantes que debes saber de copywriting.

13

El mejor copywriter muerto de la historia

¿Por qué razón crees que funcionó mejor mi anuncio? ¿Por ser más gracioso? ¿Por ser más atrevido? Fue por cosas que podrás aplicar a cada texto que hagas. Y que sinceramente, si interiorizas, ya le habrás sacado un enorme partido a este libro. Es más, si interiorizas esto puede que aprendas —digo PUEDE— más que en cursos que valgan cien veces más. (Vaya, cómo se van a poner mis *haters* por decir algo así, lo vamos a pasar muy bien.) Bueno, pues entonces lo diré dos veces... Si interiorizas el análisis que viene a continuación, este libro es muy posible que te enseñe cosas que no te enseñarán cursos de 2.000 euros. Porque te digo... con entender qué seis elementos aplico aquí, es muy probable que cambie tu vida profesional.

Allá vamos.

Lee de nuevo el anuncio que escribí para Santi.

> **¿QUIERES APRENDER A BAILAR SIN PARECER INVERTEBRADO?**
>
> Te gusta salir a bailar. Pero te ves torpe y sólo pierdes la vergüenza cuando has bebido lo suficiente para no distinguir Paquito el Chocolatero de un vals.

> Podemos evitar eso.
>
> Te puedo enseñar a bailar salsa de una manera profesional y sencilla. Porque...
>
> ¿Quieres aprender y divertirte, verdad?
>
> Doy clases a hombres. Pronto te sentirás seguro y podrás bailar con tus compañeras. Soy bailarín profesional en un centro de baile y las clases particulares sólo las puedo impartir a cinco alumnos por mes. Me quedan 2 plazas. 60 euros la hora.

Este anuncio tiene seis elementos clave de persuasión. Sólo en ese texto, hay seis elementos clave. Te los voy a enumerar y luego te voy a decir dónde está cada uno en el anuncio para que tú puedas replicarlo con tu estilo, tus palabras y tu negocio:

1. Fijación de la atención. Diferenciación.
2. Conocimiento de nuestro público y de su punto de dolor.
3. Lenguaje conversacional.
4. Autoridad.
5. Escasez.
6. Falta de necesidad.

Ahora lo vamos a ver en el anuncio.

1. **Fijación de la atención. Diferenciación.** No hay mucha explicación aquí. Este titular es diferente a todos los demás:

> **¿QUIERES APRENDER A BAILAR SIN PARECER INVERTEBRADO?**

2. **Conocimiento de nuestro público y de su punto de dolor.** Tan sencillo como eso. Investiga a tu público. (Tal como hemos visto en el Capítulo 7, «Investigación sin compasión».)

> Te gusta salir a bailar. Pero te ves torpe y sólo pierdes la vergüenza cuando has bebido lo suficiente para no distinguir Paquito el Chocolatero de un vals.
>
> Podemos evitar eso.

3. **Lenguaje conversacional.** Es clave que nuestro lenguaje pueda ser leído de la misma forma que pudiera ser hablado. Esto es CLAVE. De verdad que lo es. No digo que seas macarra, no digo que aparentes ser quien no eres, es justo lo contrario. Es que escribas como hablas. Durante todo el anuncio podrás leerlo de una forma que podría ser conversacional:

> Te puedo enseñar a bailar salsa de una manera profesional y sencilla. Porque...
>
> ¿Quieres aprender y divertirte, verdad?
>
> Doy clases a hombres. Pronto te sentirás seguro y podrás bailar con tus compañeras.

4. **Autoridad.** Dices que eres bailarín profesional. Unido al resto de los puntos, nadie dudará de estas palabras:

> Soy bailarín profesional en un centro de baile...

5. **Escasez.** Has puesto un límite, mandas tú:

> ... y las clases particulares sólo las puedo impartir a cinco alumnos por mes.

6. **Falta de necesidad.** En el propio precio, muestras que eres un profesional lo suficientemente competente como para que puedas doblar el precio por hora de tu competencia. Lo cual es una forma muy potente de mostrar falta de necesidad:

> Me quedan 2 plazas. 60 euros la hora.

¿Lo ves?

No funciona por ser un anuncio gracioso o dejar de serlo. Funciona porque he aplicado seis puntos clave en la persuasión escrita. Por eso funciona. Esto lo apliqué combinando estos elementos y descubrí que funcionaban muy bien. Así de simple.

Ahora analicemos el otro anuncio.

> **CLASES PARTICULARES DE SALSA Y BACHATA**
>
> Se imparten clases particulares de salsa y bachata. Más de diez años de experiencia. Nivel principiante, intermedio y avanzado. Hombres y mujeres de todas las edades. También niños y grupos. Aprenderás pasos básicos, técnicas de giro y mucho más. No hace falta que tengas pareja. Horario flexible. Infórmate sin compromiso. 30€/h.

1. **No se diferencia.** Pues pone lo mismo que todos los demás.
2. **No conoce a su público.** Habla de hombres y mujeres y niños y grupos. Quiero decir, que no sabe a quién le habla.
3. **No es conversacional.** Nadie habla como está escrito este anuncio.
4. **No hay rastro de autoridad.** Diez años de experiencia es lo que dicen todos en los anuncios. Si dices las cosas como todos, serás percibido como uno más.
5. **No hay rastro de escasez.** Al contrario, habla de que el horario es muy flexible y que no hay compromiso por informarse.
6. **Muestra necesidad.** E inseguridad por el precio y su absoluta predisposición.

Mira la diferencia de resultados de un anuncio a otro y ahí lo tienes destripado.

Pero vamos a ir un paso más allá.

Te voy a mostrar una página para captar e-mails que le escribí a un reputado dentista. No es un anuncio, es otro elemento totalmente distinto, una página de captación. Pero quiero que veas cómo se puede aplicar. Y en un sector muy complicado, porque esta gente habla con un montón de tecnicismos.

Esta es la página donde, como incentivo para la suscripción, se daba un vídeo de una conferencia del conocido doctor:

> **Los dentistas que tienen negocios más prósperos y aumentan cada día su reputación profesional...**
> **¿Qué hacen diferente a todos los demás?**

Es más sencillo de lo que probablemente imaginas y lo podrás comprobar en este momento.

Deja tu e-mail y recibirás un vídeo de 29 minutos y 56 segundos donde verás cómo resuelve el Dr. XXX, **uno de los mayores referentes de la implantología y la medicina regenerativa en España**, 4 casos distintos de maxilar atrófico, con un enfoque extraordinariamente efectivo que **muy pocos dentistas aplican** (sobre todo en el último caso del vídeo) y que podría aumentar tu valor profesional en el mercado.

Por favor, rellena todos los campos. Este vídeo es material de alto valor y queremos estar seguros de que llega, exclusivamente, a manos de profesionales.

–CAJA DE CAPTACIÓN–
[BOTÓN: RECIBIR EL VÍDEO]

*(Darse de alta es gratuito y puedes darte de baja cuando quieras)

Algo importante que debes saber es que **este vídeo es un recurso exclusivo**. Es decir, no lo vas a encontrar en nuestro canal de XXX ni en ningún otro lugar de internet.

Sólo las 350 personas que asistieron a la conferencia en directo, o las que ya están dentro de nuestra lista de correo, tienen acceso a esta formación.

Quizá te interese que el doctor XXX te muestre cómo él mismo da soluciones mucho más sencillas a los casos más complicados.

Estas son, entre otras, algunas de las cosas que el Dr. XXX contó a los asistentes a la conferencia:

- Un tipo de caso relativamente sencillo en el que no deberías tener que pensar mucho y **cómo resolver sin dificultades cualquier error quirúrgico** que puedas haber cometido en una situación así.
- Cómo preservar al máximo la protección contra los virus y bacterias de la bóveda del paladar, más importante que nunca debido a la situación que estamos viviendo hoy en día.
- **La técnica con un 99 por ciento de éxito** que hará que veas los casos de reabsorción más complejos como algo «amable» y totalmente a tu alcance.
- Un caso de reabsorción severa en el que hacer **una cirugía «a cielo cerrado» sería virtualmente un suicidio**, y cómo enfocarlo para evitar una segunda cirugía (fragmento del vídeo de la intervención a partir del minuto 06:51).
- Cuál es la medida máxima de implante que deberías colocar aunque hayas hecho una ventana lateral (y **por qué nunca deberías excederla**).
- **El mejor consejo que probablemente vayas a recibir** para tu vida profesional y que puedes aplicar también a tu vida personal (minuto 12:22).

- **Qué harían la inmensa mayoría de los dentistas ante el caso 3** (y que dificultará mucho tu trabajo) y cómo lo resolvió el Dr. XXX para partir de una guía quirúrgica mucho mejor.
- Una técnica que aplican los **dentistas a los que nos les gusta perder ni al mus** y siempre buscan la forma de ganar, aplicada a un caso de reabsorción muy muy severa (minuto 16:15).
- La razón por la que es materialmente imposible resolver un caso de maxilar atrófico con un solo juego de provisionales y los **graves problemas que puedes ocasionar al paciente** si lo intentas.
- Un caso tan extremo de reabsorción (es prácticamente imposible encontrarse con algo peor) que **la paciente no se atrevía a hablar** en público por miedo a que se le cayeran los dientes. Y cómo se solucionó. Del minuto 23:20 al 27:25.
- **Un caso muy común que hizo reír a todos los asistentes** y con el que te sentirás completamente identificado, además de cómo evitar que te busque un problema (y de los gordos).
- Por qué siempre, siempre, siempre, deberías garantizarte **una segunda oportunidad**. Y cómo hacerlo.

Todas estas cosas y bastantes más, están en el vídeo que vas a recibir justo después de dejar tu e-mail aquí:

–CAJA DE CAPTACIÓN–
[BOTÓN: RECIBIR EL VÍDEO]

Bien.

Ahora vamos a ver esta página por dentro con los 6 elementos y, además, aprovechamos esta lección para ver cómo investigar muy profundo a un cliente.

Empezamos:

> **Los dentistas que tienen negocios más prósperos y aumentan cada día su reputación profesional...**
>
> **¿Qué hacen diferente a todos los demás?**
>
> **Es más sencillo de lo que probablemente imaginas y lo podrás comprobar en este momento.**

Ángulo psicológico: Fijación de la atención. Este tipo de titular, con este ángulo, sin duda fija la atención. ¿Qué hace diferente a los demás? Quiero MIRAR.

*

> Deja tu e-mail y recibirás un vídeo de 29 minutos y 56 segundos donde verás cómo resuelve el Dr. XXX, **uno de los mayores referentes de la implantología y la medicina regenerativa en España**, 4 casos distintos de maxilar atrófico, con un enfoque extraordinariamente efectivo que **muy pocos dentistas aplican** (sobre todo en el último caso del vídeo) y que podría aumentar tu valor profesional en el mercado.

Ángulo psicológico: Conocimiento de nuestro público, su punto de dolor y autoridad. Aquí vemos las tres cosas:

1. Demuestra un conocimiento de su público y lo que les interesa.
2. Damos en un punto de dolor (pocos dentistas lo aplican y puede aumentar tu valía profesional).
3. Y aprovechamos la autoridad del doctor dejando muy claro, nada más empezar la página, que es uno de los mayores referentes de España en su terreno.

*

> **Por favor, rellena todos los campos. Este vídeo es material de alto valor y queremos estar seguros de que llega, exclusivamente, a manos de profesionales.**
>
> **–CAJA DE CAPTACIÓN–**
> **[BOTÓN: RECIBIR EL VÍDEO]**
> *(Darse de alta es gratuito
> y puedes darte de baja cuando quieras)

Ángulo psicológico: Falta de necesidad. Hicimos una página de captación que tenía seis campos a rellenar (nombre, empresa, e-mail, país...). Ojo, el 95 por ciento de las veces lo mejor es poner sólo un campo para pedir el e-mail y nada más. Pero aquí, para mostrar esa falta de necesidad de una forma sutil, les obligábamos a rellenar esos campos para dejar claro que no necesitábamos captar cualquier e-mail, que sólo nos valían buenos e-mails.

> Algo importante que debes saber es que **este vídeo es un recurso exclusivo**. Es decir, no lo vas a encontrar en nuestro canal de XXX ni en ningún otro lugar de internet.
>
> Sólo las 350 personas que asistieron a la conferencia en directo, o las que ya están dentro de nuestra lista de correo, tienen acceso a esta formación.
>
> Quizá te interese que el doctor XXX te muestre cómo él mismo da soluciones mucho más sencillas a los casos más complicados.

Ángulo psicológico: Escasez. Sólo 350 personas lo vieron en directo y es algo tan exclusivo que sólo lo recibes si te apuntas a la lista, no hay más opción.

> Estas son entre otras, algunas de las cosas que el Dr. XXX contó a los asistentes a la conferencia:
>
> - Un tipo de caso relativamente sencillo en el que no deberías tener que pensar mucho y **cómo resolver sin dificultades cualquier error quirúrgico** que puedas haber cometido en una situación así.
> - Cómo preservar al máximo la protección contra los virus y bacterias de la bóveda del paladar, más importante que nunca debido a la situación que estamos viviendo hoy en día.
> - **La técnica con un 99 por ciento de éxito** que hará que veas los casos de reabsorción más complejos como algo «amable» y totalmente a tu alcance.

Investigación: Toda esta información la saqué viendo el vídeo que se regalaba por dejar el e-mail. Simplemente con eso, ya haces una investigación bastante más profunda que los negocios que te rodean sobre cómo hacer atractiva una página de este tipo.

*

> - Un caso de reabsorción severa en el que hacer **una cirugía «a cielo cerrado» sería virtualmente un suicidio**, y cómo enfocarlo para evitar una segunda cirugía (fragmento del vídeo de la intervención a partir del minuto 06:51).

Hasta tal punto funciona esta investigación, simplemente, mirar, que esta expresión la saqué literalmente de palabras del doctor, que decía que «una cirugía a cielo cerrado sería virtualmente un suicidio».

> - Cuál es la medida máxima de implante que deberías colocar aunque hayas hecho una ventana lateral (y **por qué nunca deberías excederla**).
> - **El mejor consejo que probablemente vayas a recibir** para tu vida profesional y que puedes aplicar también a tu vida personal (minuto 12:22).

El doctor dice que lo más importante antes de operar es tener siempre un plan B. Repito, esto es investigación. Así de simple y a la vez de complicado, porque la mayoría se complicarán mucho la vida.

*

> - **Qué harían la inmensa mayoría de los dentistas ante el caso 3** (y que dificultará mucho tu trabajo) y cómo lo resolvió el Dr. XXX para partir de una guía quirúrgica mucho mejor.

En vez de quitar todos los dientes, vi cómo el doctor mantenía 2 como referencia natural.

*

> - Una técnica que aplican los **dentistas a los que nos les gusta perder ni al mus** y siempre buscan la forma de ganar, aplicada a un caso de reabsorción muy muy severa (minuto 16:15).

Otra expresión del propio doctor.

*

> - La razón por la que es materialmente imposible resolver un caso de maxilar atrófico con un sólo juego de provisionales y los **graves problemas que puedes ocasionar al paciente** si lo intentas.
> - Un caso tan extremo de reabsorción (es prácticamente imposible encontrarse con algo peor) que **la paciente no se atrevía a hablar** en público por miedo a que se le cayeran los dientes. Y cómo se solucionó. Del minuto 23:20 al 27:25.

> - **Un caso muy común que hizo reír a todos los asistentes** y con el que te sentirás completamente identificado, además de cómo evitar que te busque un problema (y de los gordos).

El doctor habló de un paciente que no se lava los dientes. Todo se puede aprovechar.

*

> - Por qué siempre, siempre, siempre, deberías garantizarte **una segunda oportunidad**. Y cómo hacerlo.
>
> Todas estas cosas y bastantes más, están en el vídeo que vas a recibir justo después de dejar tu e-mail aquí:
>
> **–CAJA DE CAPTACIÓN–**
> **[BOTÓN: RECIBIR EL VÍDEO]**

Como habrás visto, en esta página tenemos los seis elementos:

- Por un lado, la fijación de la atención.
- Conocimiento de nuestro público y su punto de dolor.
- Autoridad.
- Falta de necesidad.
- Escasez.

¿Y cuál falta que no hemos nombrado?

- Lenguaje conversacional. ¿Y de dónde salió? De las expresiones más comunes y naturales del propio doctor en los vídeos.

Bueno, me voy a tomar una cerveza. Una buena pinta de Guinness. Me la voy a tomar con calma y voy a disfrutar de la tarde soleada del sur. Nunca se sabe cuántas tardes soleadas del sur quedan, ni cuántas pintas de Guinness, ni cuántos polvos, nunca se sabe. Por eso nada es tan importante. Nunca se sabe cuándo morirán los demás. Nunca se sabe. Así que antes de seguir, voy a disfrutar tranquilamente de este gran momento.

14

Tres trucos suaves y baratos de copywriting para vender bruto y caro

He entrenado mucho krav magá. Esto es lucha callejera. No hay reglas.

El primer día que fui me encontré policías, boxeadores, puertas de discoteca, mineros, camioneros, expresidiarios, militares y macarras de barrio. Hice amistad (y todavía la conservo) con muchos de ellos. Y ese primer día el jefe nos dijo:

—Os iré nombrando y vais al centro.

La fauna empezó a gruñir. Parecían hambrientos. No hacía falta saber krav magá para saber que *ir al centro* era darse de hostias. Sólo por sus reacciones quedaba claro. El caso es que gritó un nombre en alto, el tipo que había nombrado se puso en el centro y antes de que me diera tiempo a reaccionar, el resto del grupo (unos 10 o 12 tíos) le estaban dando de hostias. 10 segundos. Eso es lo que duraba estar en el centro. Nombró a otro y a otro. Era siempre lo mismo. Cuando nombraba a alguien, esa persona iba al centro y durante 10 segundos le daban de hostias. No para tratar de joderle vivo, no eran puñetazos en la nariz, pero eran hostias bien dadas. En el quinto o sexto nombre salió el mío, me puse en el centro y empecé a recibir hostias. No era la primera vez, pero era la primera vez que me pasaba por voluntad propia. Cualquiera que haya vivido esa situación sabe una cosa: 10 segundos son una eternidad. 10 segundos recibiendo hostias es una barbaridad, acabas agotadísimo. Salí del centro y fueron entrando todos de uno en uno.

Eso fue el primer día. Luego vinieron muchos más. Simulación de pelea en la calle, en un bar, dentro de un ascensor... Sueltas adrenalina, te peleas con bestias y luego te tomas una cerveza. Entiendo que visto desde fuera sea muy raro, pero nadie dijo que vivir fuera fácil.

Uno de los entrenamientos más populares era para mujeres. Había muchas mujeres haciendo krav magá. Muchas. Se organizaban seminarios antiviolación donde daban muchos recursos a las chicas si estaban en problemas.

Entonces un día, hablando con el tipo que lideraba el club de esos seminarios, el monitor, me dijo lo siguiente:

> He ido a Roma, a Miami, a Melbourne y a un montón de sitios más para hacer exhibiciones de krav magá. Y tengo una cosa clara, un buen profesional debe tener una serie de recursos de los que tirar por si las cosas no salen bien. La primera vez que hice una exhibición acabé 20 minutos antes de lo previsto. Había ido todo genial pero muy rápido, así que los últimos 20 minutos no sabía qué hacer, me quedé bloqueado y me puse como un idiota a repetir cosas que ya había hecho un rato antes. Quedó muy mal, muy mal. Lo que había sido una exhibición memorable se quedó jodida por no tener unos recursos fijos de los que tirar cuando estás en un apuro. Ahora siempre tengo esos recursos. No los utilizo normalmente, pero si me quedo en blanco o bloqueado por lo que sea, tiro de ellos. Es muy raro que los tenga que utilizar y cada vez menos, pero me dan seguridad.

Aquella reflexión de mi maestro de krav magá me hizo pensar que eso de tener unos recursos de los que tirar para salir de un apuro era una opción muy inteligente. Te contaré algunos de los que utilicé muchas veces en su momento y que no tendría el menor problema en volver a utilizar.

Una cosa que me planteaba muchas veces para deshacer un nudo complicado a la hora de vender algo es pensar...

En una mano pillo el punto de dolor.

En la otra mano pillo el punto de placer. Quiero decir, lo que pasa después de consumir nuestro producto, curso, servicio o lo que sea.

Y ambas manos las uno por una línea imaginaria. Esa línea imaginaria es lo que vendo.

Mira.

Lo vas a entender mucho mejor con un ejemplo.

En la mano del punto de dolor pongo que soy gordo. Gordo de cojones. Gordo de no atarme los cordones. Ese es mi punto de dolor. Eso está en una de mis manos, da igual en qué mano esté.

En la otra, tengo agarrado el beneficio, el placer: estar en el peso que sueño, me veo genial, tanto que me apetece hacer una de las cosas más aburridas del mundo, salir a comprar ropa. Pues de tan bien que me veo, quiero hasta comprar ropa. Tengo el cuerpo que quiero.

Entonces la línea imaginaria que une ambas manos, ¿qué será? Muy fácil, el producto, la dieta, el servicio del entrenador personal, lo que sea que pueda llevarme de un punto a otro.

Recuerda, en una mano lo que duele.

En otra mano lo que sueñas.

En la cabeza, la línea imaginaria que une eso.

Si lo escribes en este orden, no falla.

Para sacar partido al segundo truco tenemos que ponernos en los zapatos de un niño. Quiero decir, con un niño hay que ser comprensivo pero firme. Una mano de hierro y otra de algodón. No puedes dejar que hagan lo que les dé la gana, pues eso les hace crecer infelices e inseguros. Pero tampoco puedes negarles todo amor y comprensión porque les pasará lo mismo. Es un equilibro entre sentirse queridos y protegidos y a la vez guiados y con normas y límites claros.

Un niño necesita comprensión y ¿un adulto? También.

Entonces me gusta tener un recurso, truco o llámalo como quieras donde pienso en el cliente como un niño. No de una forma como si fueran tontos o infantiles, no: desde el punto de vista de la comprensión. Como si le regañaras y luego le calmaras. Ya sabes, una mano de hierro y otra de algodón.

Con este ángulo, en una mano le dices su punto de dolor, se lo haces ver bien en crudo, es la mano de hierro.

Con la otra le comprendes, es la mano de algodón.

Y la línea imaginaria es tu solución.

Como antes, vamos a verlo con un ejemplo. Empezamos exactamente igual que con el otro truco:

En la mano del punto de dolor, la mano de hierro en este caso, pongo que soy gordo. Gordo de cojones. Gordo de no atarme los cordones. Ese es mi punto de dolor. Eso está en una de mis manos, da igual en qué mano esté.

En la otra mano, la de algodón, le digo que lo entiendo, que hay muchísimas dietas yoyó que prometen un montón de cosas que luego no se cumplen. Que incluso pillas más peso que antes de empezar pasando hambre, que es muy frustrante y que entiendo que no es su culpa ni falta de voluntad, sino falta de buena información. Me pongo de su parte, es la mano de algodón.

En la línea imaginaria le ofrezco mi solución. Ya sabes, la dieta que sea, el entrenador personal, lo que sea para poder encontrar alivio al punto de dolor. Lo haces desde la comprensión. Poniéndote de su parte.

Y vamos con el tercer truco.

Un día soñé que me enamoraba de alguien. Este sueño es un sueño que soñé de verdad, casi lo palpé. Entonces yo me obsesionaba con hacer sentir especial a esa persona. Que sintiera que merecía la pena y que era única. Le dedicaba muchas palabras bonitas y verdaderas, sólo son bonitas si son verdaderas, claro. No puedo entrar en muchos detalles porque ya sabes cómo son los sueños, raros y falsos. Pero sí recuerdo la emoción, la sensación. Nos juntamos y nos dimos nuestro primer beso en nuestro primer día. Y en mi sueño, ella me dijo que me quería y yo le dije que la quería. Ella se puso muy contenta de verse correspondida y yo también. Y le dije: «Mira, tengo tres cosas para ti... Una casa, una carta y un viaje». Ella se emocionó tanto que sonrió iluminando todo mi sueño. Todo se volvió azul *parasiempre*. El mismo azul que el tatami de aquel polideportivo con el que gané el oro que nunca me dieron.

Luego desperté. Estaba mucho más que solo en la habitación de un hotel. Era sólo un sueño. Pero se me ocurrió pensar que si a una persona le ofreces un beneficio por lo que vendas y luego le ofreces otros beneficios que no se espera, la emoción es mucho mayor. No me refiero a entregarle más de lo que espera en su compra, eso es muy bueno, pero no me refiero a eso, me refiero previamente. Antes de que te compre.

En una mano pones un beneficio de lo que hagas.

En la otra mano pones otro u otros beneficios más.

La línea imaginaria que los une serán las características.

Vayamos al ejemplo con el tipo gordo que no se puede atar los zapatos y que quiere verse bien. (Es un ejemplo exagerado y absurdo, pero es para entenderlo bien aunque te hayas bebido 15 botellas de whisky japonés esta tarde.)

Podrás atarte los zapatos tú solo en apenas unas semanas (beneficio en una mano). Y gracias a ello, salir a pasear por el monte con tus hijos disfrutando de la naturaleza y la sensación de libertad que sólo da el silencio natural de la montaña (más beneficios en esta otra mano). Tomando esta *pastilla mágica* de 200 miligramos (la característica, en la línea imaginaria).

Estos son recursos que te pueden venir muy bien en cualquier momento. No tiene que ser necesariamente en momentos de bloqueo, que también, puede ser sencillamente porque te dé la gana. Funcionan muy bien, son útiles y muy sencillos de aplicar.

Me voy a tomar otra pinta de Guinness. Hay un tipo en mi casa, está haciendo una obra y tiene una música mexicana muy alegre donde un tipo canta que es un cornudo. Dan ganas de bailar mientras canta que es un cornudo. Es un fabuloso contraste. Es la vida al fin y al cabo. Me voy a tomar la cerveza con el cornudo, el sol está cayendo y ambos nos lo hemos ganado.

15

Bofetada de sinceridad rentable. A veces, a la chica le gusta el tímido

No sé si estás empezando. No lo sé. Puede que tú estés empezando, o que ayudes a clientes que lo estén haciendo. A mí me gusta pensar que estoy empezando. Que estoy en el camino y que en realidad, no logré nada. La sensación de aventura de los comienzos, cuando el corazón late tan fuerte y cada decisión parece que cambiará tu mundo. He decidido vivir instalado en el comienzo. Tengo las ventajas de la experiencia y mi fama y autoridad, pero sin lugar a dudas, estoy en pleno comienzo, en pleno camino y así será hasta el final. Y lo estoy porque cada día aprendo cosas y conozco gente sorprendente de la que aprender una barbaridad. Entonces me fascina mirar atrás simplemente un mes y pensar: «Vaya un ignorante que era hace un mes». Y sé que nunca voy a dejar de pensarlo, de sentirlo. Son un gran regalo para mí todas esas sensaciones.

Pero ahora, me gustaría ayudarte si tus comienzos son los de esos primeros días. Con mucha ilusión, pero cierta angustia. Con miedo de si te aceptará el mercado, si podrás sobrevivir, si lograrás clientes, si podrás vivir de algo que te gusta y todas esas cosas.

Y como el mundo está lleno de postureo, te voy a contar algo, que si estás empezando, lo mismo te interesa.

A veces, a la chica le gusta el tímido.

¿Qué quiero decir? Es bastante patética esa pose forzada de personas constantemente felices y exitosas. Mucha gente ahí fuera aprecia al tímido, a la que no posturea, al que marca una línea discreta, al que no trata de impresionarles.

Hace unos años, en un viaje a Valencia me encontré con Mario. Durante la cena me habló de la web: <www.thispersondoesnotexist.com>.

¿Y de qué va eso? Es una web que recrea rostros humanos que no existen. Es extraordinariamente realista. Tanto que jamás sospecharías si ves la foto de cualquiera de esas personas. Cada vez que entras, la web genera un rostro diferente. Y repito, es gente que no existe. Entra y alucina un rato. Esto me hizo pensar en los testimonios y su mal uso.

Entonces yo le conté la historia que me había pasado un tiempo atrás. Me contactó, vía un conocido común, una chica que tenía una consultoría sobre diseño web. La web era muy estética, ya sabes, con muchos colores, muchos iconos, sus desquiciantes logos de RR. SS. para que te fueras de allí nada más entrar y por supuesto, testimonios. El pack completo. Tenía varios testimonios de esos de aspecto enlatado. De esos que no dicen gran cosa, pero que suelen ser la primera obsesión de todo el mundo. Los testimonios. ¿No será mucho mejor la obsesión por aprender a vender?

Esta chica, la diseñadora, me confesó dos cosas. Este fue el e-mail que me mandó. Lógicamente, hablé con ella para poder publicarlo tal cual:

> Hola Isra.
>
> Te escribo de parte de David XXX y me ha dicho que tú me puedes ayudar a conseguir clientes. El

> problema que tengo es que no vendo nada. Tengo una lista con 210 suscriptores, pero no les escribo casi nunca. Trato de captar gente en redes, pero no hay manera. Tengo un síndrome del impostor que no puedo con él porque quitando la web de algunos amigos (y sin cobrar) no he trabajado para nadie. Además, los testimonios que tengo en mi web son de esos amigos, que me los han puesto para devolver el favor, así que son falsos. Eso hace que mi síndrome del impostor esté todavía más acusado. ¿Cuándo podemos hablar?

Cuando ella me mandó esto yo vendía servicios. Entonces la ayudé directamente con mis servicios. El caso es que hablamos y le propuse una estrategia loca. Le dije que lo mejor era escribir un e-mail a su lista confesando que recién empezaba con su negocio y que los testimonios que tenía hasta ese momento no eran verdad. O sea, no sólo que los quitara. Que fuera más allá y confesara que no eran de verdad. Si sólo los quitaba, no podría aprovechar el efecto que suponía confesarlo.

Al principio era un poco reacia pero le hice ver que no tenía nada que perder. Que no estaba teniendo ningún cliente, que peor no podía ir y que había que arriesgar y decir la verdad. Que esa era la verdadera estrategia que nos pedía la situación.

Finalmente, escribí este mail que mandó a su lista.

El titular fue este:

> **Mis testimonios son falsos y tengo un terrible síndrome del impostor.**

Y el cuerpo del e-mail, así:

Hola.

Quizá debería empezar este mail pidiendo perdón, pero luego pensé que es una tontería pues nadie que lo reciba de esa lista me ha comprado nada ni ha confiado profesionalmente en mí.

Lo que te quería contar es lo siguiente, es una confesión en realidad.

Empecé con mi negocio hace unos meses, traté de seguir todos los consejos que se supone que tenemos que hacer dentro del mundillo del marketing online.

Pero seis meses después, no arrancaba.

Desde luego, la culpa es mía, no puedo buscar responsabilidades en nadie.

Quizá uno de mis fallos más importantes es que capté suscriptores y sólo os escribo cada quince días o cada mes.

No se puede decir que sepa de e-mail marketing, la verdad.

Después de unos meses sin resultados, decidí hacer lo que se supone que hay que hacer para tener credibilidad, añadir testimonios.

La famosa prueba social.

Y mentí, no es que no hiciera esas webs, pero las personas que salen son mis amigos, gente a la que no cobré.

Era una devolución de favores.

Siento algo de vergüenza al contar esto, pero es que tengo el famoso síndrome del impostor y me siento realmente incómoda.

No lo hice con mala intención, simplemente creí que era lo que había que hacer, que me ayudaría a lograr clientes y poder demostrar que soy un persona capaz y que trabaja bien.

Tampoco sirvió.

Pero ayer decidí quitar esos testimonios y no sólo eso, también contarlo aquí.

¿No hablan tanto de transparencia? Pues dos tazas...

Si me comprendes genial, en caso contrario lo mejor es que te des de baja de esta lista.
Así que la verdad es muy sencilla de explicar:

Mi negocio está empezando, no tengo todavía testimonios de clientes que no sean mis amigos y he decidido que hasta final de mes, haré tu web con Wordpress y te incluiré el mantenimiento de la misma por un año.

> Ese es un servicio muy importante que se cobra al margen, pero para los que se decidan antes de final de mes, no se lo cobraré.
>
> Si necesitas una web y quieres que una profesional te haga un gran trabajo y que además, esté ahí durante un año para cualquier posible imprevisto, te puedo ayudar.
>
> Si eres una persona que no puedes perdonar los errores de los demás o si no puedes empatizar con mi síndrome del impostor, pues no pasa nada, te das de baja y ya está.
>
> Me siento más cómoda así, diciendo la verdad y aportando mi minúsculo grano de arena a que los negocios los hagamos persona a persona de verdad, con nuestros miedos, nuestros aciertos, nuestras virtudes y nuestro defectos.
>
> Muchas gracias por tu tiempo y por tu atención.
>
> Atentamente,
>
> XXX.
>
> PD: Si te interesa informarte sobre cómo tener tu web, responde este e-mail.

Así fue, tal cual.

Con este e-mail logró que tres personas la contrataran. De cero a tres clientes. Antes nunca la habían contactado. Con ese e-mail la contactaron varias personas y tres de ellas la contrataron. También tuvo bajas y su negocio empezó a rodar.

La verdad es un argumento de ventas muy poderoso y en una sociedad abocada irremediablemente a las apariencias, esa verdad, esa autenticidad, esa NO necesidad de aparentar, es muy persuasiva y atractiva.

Además aprovechamos el e-mail para dar credibilidad a sus capacidades profesionales. ¿Cómo? Muy sencillo, después de una confesión de ese tipo, después de haber puesto sobre la mesa toda la basura, lo demás que digas resulta más creíble. Si he sido capaz de confesar algo así, me muestro como una persona sincera que asume sus errores. Este es un claro ejemplo de cómo aprovechar nuestros defectos (ya sabes, el enano, el bastardo y el borracho) y de cómo vender diciendo la verdad, convirtiendo la verdad en algo atractivo.

Si estás empezando puedes decirlo. Mientras no seas una plañidera lloriqueando por las esquinas, mendigando atención y pidiendo perdón, todo irá bien. El problema nunca es empezar, el problema es siempre llevar los pantalones a la altura de los tobillos. Hay gente que los llevará así toda su vida, a la altura de los tobillos. No es buena idea ser una de esas personas. El mundo está lleno de gente con ganas de clavarla. Procura que no sea en tu culo, ya me entiendes.

16

Miedo al miedo

Hablemos del miedo.

Es terrible vivir con miedo. Hablemos del miedo. No hablo del tipo de miedo que hace que algunos fueran solos por el monte, en la pasada pandemia, con una mascarilla. Eso es tan patético que hasta al miedo le darían ganas de llorar.

Hablo de miedos que nos acechan una y otra vez.

Uhmmm...

¿Cómo podemos aplicar el miedo al copywriting?

Veamos cómo puede ser un buen enfoque, pero el miedo tenemos que saber manejarlo bien. Lo tenemos que saber utilizar a nuestro favor. No me refiero a nuestro miedo, que también, me refiero al miedo de los demás. Apelar al miedo ajeno puede ser tan poderoso como contraproducente si no se sabe enfocar.

En esta lección de copywriting que voy a compartir contigo es importante no perder eso de vista. Lo que te voy a mostrar son conceptos. Esto es muy útil porque así, cuando vayas a escribir los podrás tener presentes. No se trata de aprender nada que debamos memorizar, simplemente interioriza estos conceptos.

Para ello te voy a comentar los miedos que me encuentro más habitualmente y que son errores de concepto, pues nos hacen perder ventas. Si te fijas al detalle, vas a ver que muchas de las cosas que te voy a comentar aquí se repiten ahí fuera. Espero que te ayude a evitar ese tipo de enfoques.

Uno de los errores más habituales que se suelen cometer es apelar a miedos que nos quedan muy distantes.

¿Por ejemplo?

Es muy habitual tratar de vender productos de ahorro o para pasar una gran jubilación a gente que no ha cumplido los treinta años. Pero ¿dónde vas? En serio, aterriza. Debes entrar en el mundo de alguien de veinticinco años y, a no ser que sea un marciano, su jubilación le parece de otro planeta. Es un horizonte demasiado lejano, es muy muy complicado que nadie de poco más de veinte años visualice su jubilación y que lo haga pensando en sus problemas económicos. Sencillamente, no está en su plano vital, todavía *no está en su piel*. Esto se hace a menudo, apelar a un miedo que nuestro cliente no sabrá poner en su contexto. Tú puedes escribir una carta de ventas muy buena, tener una web genial o hacer vídeos que consuman los veinteañeros gratuitamente porque les hagas gracia, pero no van a pagar para cuando sean mayores y jubilados.

Otra cosa muy diferente es que hables a un chico de veinte años, con cierto problema capilar, sobre un *problema* con sus entradas. Ahí le estás dando una visión de futuro que le afectaría en ese preciso instante, que podría ocurrir de un día para otro (pérdida de fuerza, atractivo...) y apelas a un miedo futuro, pero palpable en el presente. Eso es algo diferente. Ojo, estas cosas hay que manejarlas con cuidado, no deberías tratar de sembrar un miedo inexistente a no ser que seas un cabronazo miserable e insensible. Entonces, sí.

En todo caso, difícilmente vas a poder hacer que alguien de veintitrés años se preocupe por no tener su dinero a plazo fijo porque el Estado no le podrá pagar una jubilación. Pues ese tipo de miedo, no lo utilices.

Bien.

Ahora piensa en tu nicho y en tu mercado para no caer en ese error.

Este tipo de enfoque también se ha utilizado muchas veces para intentar evitar el consumo de alcohol o tabaco. Los mensajes de «esto te acabará matando» no funcionan con la gente cuya edad le hace ver la vida con ojos inmortales. Si piensas apelar a un miedo *al futuro*, debe ser por un futuro que podría llegar en cualquier momento y es algo real. Por ejemplo, el diseñador web que hace mantenimiento de páginas y que utiliza el enfoque de que tu web se puede caer y paralizar tus ventas si no tienes cubiertas las espaldas con buena seguridad y mantenimiento. Ahí estamos hablando de un miedo al futuro, pero puede ser inminente, como el veinteañero que ve sus primeras entradas... ¿Entiendes lo que te quiero decir?

No le puedes pedir a una chica de diecisiete años que le preocupen las patas de gallo, no entra dentro de su lógica. Nunca apeles a miedos que tu potencial cliente vea tan lejos que no los pueda *sentir*. Y este tipo de error se comete mucho. Debes apelar a miedos que ya están ahí o que podrían asaltar en cualquier momento, merodeando sobre sus cabezas...

Pasar del miedo al *shock*

Esto que te voy a comentar nada tiene que ver con la ética. ¿A qué me refiero? Pues a que verás a mucha gente decir que no se debe tocar demasiado en el punto de dolor, que eso no es ético y demás. Esto es una tontería. Desde hace décadas los grandes maestros del copywriting nos dicen una y otra vez...

«Cualquier persona se movilizará mucho antes por evitar el dolor que por buscar el placer.»

Por tanto, olvida eso si alguna vez lo has pensado, ataca el dolor de tu potencial cliente sin ningún tipo de *trauma ético*. Lo que no es ético es engañar, ya está. Pero profundizar en un punto de dolor no sólo es perfectamente ético, es que es lo mejor que puedes hacer y absolutamente necesario en muchos casos. Debes movilizarlos, hacer sentir. Pero una cosa es que sepas golpear fuerte en los puntos de dolor de tus clientes potenciales y otra es que les dejes en estado de *shock*. Que les invoques un escenario tan negro, que sencillamente no quieran hacer nada, no debes pasarte.

Lo vas a ver mejor con un ejemplo:

Si tú vendes una formación para que un perfil concreto de personas puedan montar negocios y prosperar con ellos, personas que tienen sus trabajos pero que quieren cambiar de vida, un muy buen ángulo de ventas será apelar a su miedo al fracaso, a la vergüenza. Ambas sensaciones son muy poderosas, pero si les planteas un panorama tan negro en sus trabajos actuales como para dejarlos en *shock*, lo único que pasará es que no avanzarán en la dirección que tú les estás marcando. Si les planteas un futuro laboral tan tan tan negro, es posible que se aferren con más fuerza al trabajo que tengan por mucho que lo odien, antes que empezar una nueva aventura. No te pases con el miedo. Hay que mantener un equilibrio. Apela al miedo, diles con sinceridad los puntos complicados, pero no quieras plantear un futuro catastrófico y que la única solución seas tú. No utilices el miedo hasta el punto de bloquear al lector. No seas tan bestia.

Usar el miedo de forma generalizada

Si tú vas a vender el riesgo coronario que tiene alimentarse muy mal y tener muy malos hábitos, no olvides poner a un tipo de alrededor de cincuenta años en la imagen mental de la gente. Alguien que pudiera ser su vecino, el propio lector. Tiene que sentirlo propio y cercano. Esto pasa con todo. Si nosotros vemos un accidente de avión en el sur de Indonesia, nos afecta muchísimo menos que si el accidente es en Canarias. Ya está, eso no nos convierte en malas personas, es absolutamente imprescindible que por nuestra propia supervivencia tengamos que sentir las cosas así. Además, es un sentimiento que trae muchas cosas positivas, aunque este es otro tema, pero a lo que voy... Igual que si se cae un avión en un lugar y con una gente que puedas reconocer como *tuyos*, te afecta y te preocupa más que si el avión se cae en la otra parte del mundo, con los miedos a la hora de vender pasa algo muy parecido. Debes concretarlos en cosas con las que el lector se familiarice con mucha facilidad.

El miedo sin solución

Veo muy a menudo apelaciones al miedo que están destinadas al fracaso. Sólo con el planteamiento. Me refiero a un catastrofismo exagerado. No debemos confundir este miedo con el que comentaba antes de pasar del miedo al *shock*. Yo me estoy refiriendo a los planteamientos tipo: el planeta se muere, las inundaciones acabarán con nosotros, nada prospera, cada día estamos con un planeta más enfermo...

¿Por qué debemos tener cuidado con esos extremos?

Porque si no lo haces con mucha mano izquierda, no vas a lograr nada. Me refiero, ¿acaso tu producto soluciona eso?

No sé, piénsalo. Una cosa es tratar de apelar a la conciencia y otra muy diferente es plantear miedos que superen con mucho lo que tú puedas hacer para superarlos. No juegues a ser Dios, podrían pasar dos cosas:

- Que hagas el ridículo.
- Que no vendas.

Ten muy muy claro que si quieres apelar al miedo para vender lo que sea, lo que sea que tú vendas lo debe solucionar. Si no lo hace, pisa el freno o quedará *raro* y el lector, algo desubicado.

En general y para que te puedas quedar con un concepto de cómo utilizar el miedo en tus cartas de ventas, en tus e-mails, en tus anuncios... ten en cuenta que el miedo es un sentimiento que todos llevamos muy dentro y, por ello, es muy útil apelar a él, pues es muy probable que eso genere la atención de nuestros potenciales clientes. Pero utilízalo sin caer en los errores a menudo exagerados que hemos visto aquí y enfatizando en los beneficios de tu producto. Puede ser un ángulo realmente útil.

Nunca podemos olvidar, nunca, que nadie compra sólo porque tiene miedo, así que cuando vayas a escribir pensando en apelar al miedo, no pierdas de vista qué soluciones llevan tus productos o servicios para erradicar todos esos miedos de sus vidas.

No sólo de miedo vive el hombre. Aunque mucho hijo de puta nos quiera alimentar de eso constantemente.

17

Mi suerte de ser disléxico y cómo evolucionar hacia atrás para ganar más dinero que los demás

Ser disléxico es una de las mejores cosas que me han pasado en la vida. Quiero decir, en el colegio no me enteraba de nada, no sabía seguir un dictado y siempre estaba al fondo de la clase, mirando. Y no te voy a decir que ser disléxico haya sido una gran suerte para convertirme en un buen observador, no me refiero a eso para nada, es por otra cosa. Por otra cosa mucho más importante. Si no hubiese sido disléxico probablemente habría sido un buen estudiante o al menos, un estudiante normal. Entonces es muy probable que hubiera ido al instituto y después a la universidad. Habría seguido ese camino que se espera de cada uno de nosotros. Ese es el camino que te espera si eres un buen estudiante. Ir pasando de cursos, instituto, universidad y trabajar. Entonces observo a muchas de esas personas y realmente les falta mucha experiencia vital. En general.

Mira, no te voy a venir con los rollos de la universidad de la vida ni historias de esas. Tampoco digo que estudiar esté mal, estudiar está muy bien y leer y vivir mucho. Me refiero a que muchas de esas personas son tan blandas, tan infantiles, tan sumisas, tan dirigidas, que parece que no hay fuego en su interior. Llevan toda la vida haciendo lo que se espera de ellos: que sean simple masa amorfa y consumista, poco más.

Siempre fue complicado para mí hablar de esto, al fin y al cabo ni fui al instituto. Si digo algo así podría sonar resentido o algo peor. Y no es así, no tengo ningún rencor, al contrario, estoy muy agradecido y me siento muy afortunado.

Como decía, ser disléxico me convirtió en un pésimo estudiante y eso me abrió un mundo de posibilidades. Tenía que salir ahí fuera a buscarme la vida. Mientras los chicos de quince y dieciséis todavía dormían hasta las doce del mediodía los fines de semana y recibían la paga, yo estaba cavando zanjas o separando tubos de escape con un martillo. Con 16 años era más maduro que gente de 45 con la que me cruzo ahora. No es broma y no exagero. Mi dislexia me obligó a las alternativas, a tener que buscarme la vida. Me obligó a vivir. No me iba de fin de curso cuando me lo decía el instituto, donde me decía el instituto y cuando me lo pagaban mis padres.

Sin dislexia nunca habría sido reponedor, ni escolta de *strippers*, no habría recibido palizas, no habría trabajado en desguaces, ni sacando escombros, ni en gasolineras, ni repartiendo publicidad, ni descargando camiones, ni testeando placas en Irlanda, ni de comercial en un sinfín de sitios, no me habría visto viviendo en locales de ensayo. Con dislexia tuve que buscar los caminos alternativos. Tuve la inmensa suerte de no ser un buen estudiante y evitar ser una de esas personas que se ahogan en un vaso de agua. Percibo eso en mucha gente que siguió el camino que supuestamente tenían que seguir. Los veo, en general, poco capacitados para resistir y para saber adaptarse. Y no tiene que ver con ser rico o pobre, los chicos de clases medias y que les cuesta a sus familias llegar a fin de mes, la mayoría de ellos han ido a la universidad porque no han tenido alternativa. Yo sí tuve alternativa porque no tenía la única alternativa que tiene el chico aplicado. Esa fue mi gran fortuna.

Todavía no había cumplido los catorce años cuando dejé de estudiar. Salí completamente analfabeto del colegio. Así que empecé por aprender a leer poco a poco y mejor. Leía todos los días, mucho. Y empecé a trabajar. Entonces me juntaba con gente mayor, con gente que me contaba cosas, que vivía cosas. Y nunca quise ir a un instituto, tampoco a una universidad, nunca lo eché en falta ni me sentí menos por ello, nunca. Me parecía mucho mejor lo que había en la calle. La gente era más intensa, más fuerte, más dura, más auténtica. Era gente que tenía alternativas. ¿Puedes ser auténtico, duro, fuerte e intenso si has ido a la universidad? Claro, por supuesto que puedes, pero pocos lo son. Esa es la verdad.

¿Qué hace la mayoría? Ir al colegio, luego instituto, luego universidad, beber y follar un poco por ahí, luego encontrar un trabajo, hipotecarse, ser infiel, ser cornudo, tener hijos, aguantar un trabajo que odian, a un jefe que odian, un lunes que odian y así, dirigidos, blanditos, consumistas, buenos chicos, buenos estudiantes. Con miedo a dar sus opiniones. Incluso se crean opiniones para ser aceptados, sin pensar en ellas realmente. No son suyas, son las que los demás esperan de ellos.

Insisto, no todos son así, claro, pero todos sabemos que son mayoría absoluta. Lógicamente necesitamos gente que estudie, no hay que confundirse. Pero veo una sociedad tan blanda, tan ofendida y en muchas ocasiones, tan ridícula, que pienso que deberían haber empezado a trabajar con quince años. Serían más sensatos que sentados en un instituto, mascando lo que les dicen que hay que mascar y tragando lo que les dicen que hay que tragar. Dicen que es la generación más preparada, no lo niego, pero tampoco se puede negar que es la más blanda.

Entonces todo esto nos da grandes pistas para nuestros negocios. La masa siempre está equivocada. Es ley de vida.

Cuando yo arranqué con mi negocio en 2017 todo el mundo estaba obsesionado con las segmentaciones, los botones de colores, los *webinars*, los congresos de gente dando palmas, la promesas falsas e irreales, hacer cursos muy largos con montones de vídeos... Todo el mundo en el marketing digital hacía lo mismo, y lo peor de todo, lo comunicaba de la misma manera. Era fácil llamar la atención con ese panorama, igual que lo sería ahora. Estoy escribiendo esto en 2023, ahora todo el mundo anda obsesionado con la IA, muchos están muertos de miedo. Muchos diseñadores y copywriters están muertos de miedo pensado que les quitará el trabajo. Es todo lo contrario, es una gran oportunidad. Cuando antiguamente había un tipo en una fábrica y sólo sabía apretar tornillos, llegó un día una máquina que apretaba los tornillos mejor que él. Encima no necesitaba descansos, no se ponía nunca mala, ni se emborrachaba ni discutía con nadie. Sólo apretaba un tornillo tras otro. Esa persona fue sustituida. Si hoy tu trabajo no tiene ningún valor añadido en absoluto, tu trabajo lo podrá hacer una máquina. Pero si aportas valor añadido, este tipo de herramientas te ayudarán mucho en el trabajo. Es más, primará la calidad. ¿La razón? Que crear contenido en cantidades industriales no tendrá ningún mérito. El reto será hacerlo bueno. Por eso ahora que está todo el mundo, en estos momentos que escribo esto, tan revolucionado con la IA... Creo que, en un par de años, cuando toda la masa esté más y más obsesionada en llenar su webs de *bots* y de todo tipo de inteligencias artificiales varias, en ser lo más modernos que puedan... Volveré a mandar revistas en papel y a dar una experiencia de cliente diferente y cojonuda. Lo pienso mucho y me parece un reto bestia de cara al futuro. Evolucionar hacia atrás. Eso es lo que haré.

Debes fijarte en cómo reacciona la mayoría, pero como espectador. No te dejes contagiar por su locura, todos harán lo mismo, el ser humano es gregario, no se podrá evitar. Y es ahí cuando tú debes estar frío, observador y tirar por el lado contrario. Por ejemplo, evolucionando hacia atrás.

En todo caso, haz con esta información lo que quieras, por supuesto. No tengo por qué llevar razón, tampoco lo pretendo o no, simplemente es algo que tengo muy observado: si toda la corriente del marketing va para un lado, ve para el contrario y ganarás más dinero que todos ellos. Algunos te llamarán loco, otros gilipollas, otros *vendeburras*, lo que ellos digan, pero venderás más que ellos. Sé más listo y fuerte que ellos. Al fin y al cabo, veo cantidad de gente obsesionada con la inteligencia artificial que deberían obsesionarse un poco más con la inteligencia natural.

18

Fijar la atención es una obligación

No te voy a decir que haya sólo tres razones por las que has comprado este libro. Puede que tú lo hayas comprado por alguna razón que no sea ninguna de estas tres. Incluso puede que este libro te lo hayan regalado o prestado o que sea una venganza de alguien que te odie. No puedo saber eso. Yo sólo miro por la ventana y escribo. No puedo adivinar las cosas ni saber tus profundas y verdaderas motivaciones. Pero es muy probable que sea por alguna de las tres razones que te voy a dar a continuación. Y lo más importante de todo es que estas tres razones son argumentos de ventas que podrás aplicar muy bien para ti. Lecciones de copywriting.

La primera opción de todas es *porque te ha dado la gana*. Esta razón puede parecer poco científica, pero a mí me gusta mucho. Has visto un libro con una portada rara y has pensado: «Lo compro». Y ya está. Ni me conocías de antes ni nada en concreto. Tenías el dedo caliente el día que le diste al botón de comprar. Me parece muy bien y espero que me compres muchos más libros.

La segunda razón por la que lo mismo has comprado este libro sin conocerme de absolutamente nada es la fijación de la atención. Esto tiene una importancia capital. Repito, lo primero que debemos hacer es fijar la atención, eso es lo primero que debemos hacer. Da igual cuándo aprendas esto, mientras lo aprendas.

Si te fijas en la portada, pone en una frase bastante destacada: «Escribo para follar» (en el epílogo de este libro explico realmente qué significa esto y cómo lo enfoco yo para los negocios). Vale, no pretendo ir de irreverente, para nada. Al fin y al cabo, ¿alguien se asusta por la palabra *follar*? Pero que nadie se asuste no significa que no detenga la atención. Es el letrero luminoso en medio de la noche oscura. El llanto del bebé en la biblioteca.

Cuando escribí mi primer libro, *Escribo porque me gusta ganar dinero* (que esto también es verdad, claro), ese título también fijaba la atención. ¿Por qué razón? Porque la mayoría de la gente asocia el acto de escribir con algo mucho más profundo o poético, algo así como para crear o para enamorar o incluso para enfrentarse a sus demonios. Y toda esa gente que se cree intelectualmente superior y que desprecia el dinero asociado al arte (porque no sabe ganarlo) vería como una provocación y una basura que yo afirmara *Escribo porque me gusta ganar dinero*. En realidad, para mucha gente es una provocación. Y lo es por la razón que digo, porque creen que escribir es «para otra cosa» y además, no podemos negar que el dinero sigue siendo para mucha gente un tema tabú. Parece más respetable decir que te va mal. En todo caso, ese título tiene un sentido y está buscado. Y a tenor de los resultados, sin duda, funcionó y funciona. Lo que pasa es que luego mucha gente copia sin ningún criterio ni sentido. Sin saber por qué hace lo que hace.

Por ejemplo, después del título de mi primer libro, *Escribo porque me gusta ganar dinero*, continuaba diciendo: «Y enseño cómo hacerlo a miles de personas a las que también les gusta». Entre la gente que me imita sin entender las cosas y quedándose sólo en la superficie, vi que escribían en sus anuncios y sus páginas web cosas del tipo: «Alquilo pisos porque me gusta ganar dinero. Y enseño cómo hacerlo a miles de personas a las que también les gusta». Esto no tiene ningún sentido. *Haber, a ver, haver...* ¿Para qué coño vas a alquilar pisos si no es para ganar dinero? No hay sentido, ni está el ángulo de la provocación ni está nada. *Escribo porque me gusta ganar dinero* es una provocación y tiene una fijación de la atención, alquilar pisos para ganar dinero es lo normal. Para fijar la atención, tenemos que entender por qué hacemos lo que hacemos. Otro que vi por ahí decía: «Vendo bicicletas eléctricas porque me gusta ganar dinero». Es completamente absurdo. ¿Para qué vas a vender cualquier cosa si no es para ganar dinero?

Con este nuevo título (que en realidad no es el título) ya veo a más de uno poniendo: «Vendo microondas para follar» (que es muy probable que los venda por esa razón, pero de eso hablaremos luego, que tiene sentido) o «Alquilo pisos para follar y enseño a miles de personas a las que también les gusta»... ¿Follar? ¿Alquilar pisos? ¿Qué les gusta? En fin, creo que hay que saber lo que se hace y entender los motivos por los que se hace.

Entonces, cuando yo en la portada pongo «Escribo para follar», en grande, lo que hago, de entrada, es fijar la atención. Llama la atención, nos guste o no. Y mira que es inocente porque casi nadie se asusta ya por ver la palabra «follar». Pero da igual, si lo pones así, «Escribo para follar», llamas la atención. De eso no hay duda, pero ahora viene lo siguiente, ¿qué hago con esa atención? Les doy elementos de curiosidad y de beneficio.

Curiosidad + Beneficio.

El texto de la portada dice así. La vamos a ver en tres partes:

Mira.

Publiqué un libro en 2022.
Vendí miles y miles de copias
(y se siguen vendiendo).
Lo titulé:
Escribo porque me gusta ganar dinero.
Y es verdad.
Escribo porque me gusta ganar dinero.

Pero en realidad...

Escribo para follar.

Si te das cuenta, una vez que he fijado tu atención con el «Escribo para follar», te detienes, te acercas y lees el resto del texto, que empieza jugando con la curiosidad. Si no me conoces y ves que publiqué en 2022 un libro que vendió miles y miles y que se llama *Escribo porque me gusta ganar dinero*, estoy apelando a tu curiosidad, teniendo en cuenta que te he detenido por una frase que dice «Escribo para follar». ¿Y lo mejor de todo? Con la portada del segundo libro, te estoy vendiendo el primero. Eso es lo que, personalmente, más me gusta de la portada de este segundo libro.

Luego sigue y viene el título:

El libro de copywriting de Isra Bravo.

Isra Bravo viene en grande y en rojo. Resaltando y llamando la atención. Si no me conoces de nada y ves mi nombre destacado, tu cerebro, aunque no lo analices como tal, te está diciendo: «Debe ser alguien importante». Ojo, no digo que lo sea o no lo sea, eso da igual, esto es simplemente algo objetivo en torno a la fijación de la atención. Si tú ves el nombre de alguien en grande en una portada, vas a pensar que esa persona es importante. Si te fijas, en los libros del maestro Stephen King, su nombre viene siempre en grande. Puedes pensar que eso lo hace Stephen King porque es Stephen King y es cierto que lo hace por eso, pero también lo puedes hacer tú. Lo he visto otras veces en otros autores y es una manera de generar autoridad. Destacar el nombre del autor de una forma u otra. Quizá con tu primer libro no te sea sencillo, pero si eres un profesional cotizado en tu nicho o si ya has publicado algún otro libro con éxito, destaca tu nombre en la portada del siguiente libro. En mi opinión no solicitada de hoy, es una gran idea.

Y vamos con la parte final del texto de la portada, dice así:

P.D.: ***Este libro es sobre escritura persuasiva. Te servirá para generar negocios, ventas, atracción, carisma, contactos y dinero. Si te asustas fácilmente, compra un libro de autoayuda y acabas antes.***

Esto es fácil de adivinar, aquí les estoy dando los beneficios: negocios, ventas, atracción...

Por tanto, si yo fijo la atención alrededor de la frase «Escribo para follar» (en la que por supuesto creo y además, al final del libro te voy a contar de dónde viene), he logrado lo más complicado: fijar tu atención, que te detengas, que mires, que leas lo que hay alrededor. Y si lo que hay alrededor busca el ángulo de la curiosidad, si además te vendo el primer libro y genero autoridad con mi nombre destacado en rojo y, por si fuera poco, te digo los beneficios de forma clara y directa, ¿no es un ejercicio de copywriting bien ejecutado?

Lo que te quiero mostrar con esto es que las cosas son por algo, que están pensadas. No se trata de hacerlas por hacer, de copiar por copiar, tienes que saber lo que copias y los motivos por los cuales piensas hacerlo. *Roba* ideas, pero no plagies por plagiar. Es triste y no te llevará muy lejos. Esta portada no es una provocación barata, así la verán el ingenuo, el mojigato o el *ciego*. Esta portada tiene una intención que va mucho más allá de provocar. Además, tengo que insistir en que para mí poner «follar» no es provocar, pero aceptando que esto fuera así, lo que no admite duda es que la frase en sí misma fija la atención, aunque sea para decir: «¿Y este idiota? ¿De qué va? ¿Esto qué significa? ¿Será vulgar? ¿Será macarra?». Sea por lo que sea, aunque fuera por algo supuestamente negativo como esto, lo importante es que si fijo tu atención, tendré la oportunidad de enseñarte parte de lo demás y así, puede que acabes comprando el libro. Ese es mi trabajo. Ese debe ser el objetivo de cualquier persona que venda cualquier cosa. Es más, hago una apuesta antes de que salga este libro. Estoy seguro de que no faltará gente que me diga: «La portada me pareció vulgar y tú me pareces un gilipollas y un arrogante». O cosas tipo: «Esto perjudica mucho tu imagen de marca». ¿Lo más gracioso? Lo dirán con el libro en la estantería de su casa. Al tiempo.

¿Y por qué sospecho esto? Muy sencillo. A casi todo el mundo que le enseñé la portada me dijo cosas tipo (hubo gente a la que le encantó, por supuesto, pero muy pocos)... «Es muy agresiva», «mancha tu marca», «es de chulo», «es delicada», «nadie querrá regalar un libro así», «los libreros no querrán vender eso», etcétera. ¿Y sabes lo que me decía todo eso? Que la portada era cojonuda y era la acertada. La moraleja es sencilla y lo digo muchas veces, las mayorías no saben lo que dicen, por eso son mayorías. Es algo de simple matemática. Si todo el mundo supiera de marca personal y cómo captar verdaderamente la atención, no harían lo que hace todo el mundo y serían ricos. Y casi todo el mundo hace (aunque muchos no lo vean) lo que hace todo el mundo. Es muy simple. Me pasó cuando saqué mi primera membresía en papel, me decían que no funcionaría y que era muy caro. Me pasó cuando subí el precio. Me pasó cuando saqué la membresía de audios... casi todo el mundo me decía que no funcionaría y ese es un indicador de que funcionará. No es ninguna chulería, sencillamente, la gente es un indicador para ir contracorriente. Es infalible. No hagas caso. Hazme caso.

Antes de pasar a la tercera razón por la cual has podido comprar este libro, te voy a poner un ejemplo de fijar la atención que, posiblemente, vas a entender mejor con un e-mail que mandé a mi lista de suscriptores el pasado 24 de enero de 2023.

Copio y pego:

> Esto que pasó en Italia es una lección de ventas que lo mismo te interesa.
> Mira.
> Resulta que en Roma, en una rotonda, pusieron el cartel gigante de una mujer.
> Una mujer que estaba muy buena.
> Una mujer que estaba muy buena que anunciaba ropa interior.
> Una mujer que estaba muy buena que anunciaba ropa interior en tanga.
> Una mujer que estaba muy buena que anunciaba ropa interior en tanga y de espaldas.
>
> Bien.

Al poco tiempo tuvieron que retirar el cartel, porque los romanos no paraban de darse hostias con los coches en la rotonda.
Hasta aquí todo normal.

Confieso que a mí me pasó, no en Roma, en Fuenlabrada.
Tenía veintidós años. (Lo aclaro porque ahora también me habría pasado).
Y no con un cartel.
Iba por una carretera de polígono a 20 km/h y a mi lado derecho pasó una mujer con un culo que me impidió mantener la concentración.
Miré un segundo a la carretera y toda la eternidad a esa manera de andar.
Entonces me comí al coche que tenía delante.
Nada grave, íbamos muy despacio.
Cuando bajé le conté lo sucedido al tipo al que di el golpe por detrás y lo entendió.
Eran otros tiempos.
Lo mismo ahora dirían que soy un fascista marichulo y nazi.
No lo sé y me da igual, la verdad.

El caso es que hay algo más cotizado todavía que ser un gran copywriter.
Un ligero paso previo que en muchas ocasiones lo debe dar un buen copywriter o alguien que aprenda de uno bueno.

¿Qué paso?
Muy sencillo, si eres capaz de fijar la atención de la gente, y más en estos tiempos, te harás rico.

> Lo voy a repetir que esto es importante...
> Si cuando la gente está navegando por internet, eres capaz de fijar su atención, hacer que miren y hacer que pinchen... tú te haces rico.
> Así de simple.
> Y si luego, además, sabes persuadirles y venderles donde han pinchado, ya te haces muy muy rico.
>
> Bueno.
> Justo eso lo enseño en la lección de esta semana.
> Sólo para socios dados de alta antes de las 23.59 horas de este viernes.
> Pasada esa hora bruja, será tarde.
>
> Membresía MIRA
>
> P.D.: Arriba hasta las 23.59 horas del viernes.

Vale, este es el e-mail y esta es la lección. Sin atención no hay fiesta. Es lo que hay.

Sólo con el primer párrafo de ese correo ya estoy fijando la atención. Nunca debemos olvidarnos de ese paso, nunca. Como hice yo con la portada de este libro.

La tercera posible razón es que me conozcas previamente. Que estés en mi membresía privada, que tengas mis antiguos cursos, mi primer libro *Escribo porque me gusta ganar dinero*, por verme en alguna entrevista, por todo esto a la vez...

Entonces es posible que hubieras comprado el libro tuviera el título que tuviera, pero al margen de eso, quería que nunca olvides que fijar la atención es una obligación.

Otros consejos

El primero: ROMPE EL RITMO

No seas coñazo, no escribas en forma de ladrillo. A ver, que no estoy hablando de una novela, de libros, estoy hablando de copywriting. Ha de tener ritmo. Ahí fuera mucha gente dirá: «Odio que escriban así». Muy bien, es muy respetable que lo odies, en serio. Otra cosa es que digan, como algunos dicen: «Odio que escriban así, no funciona para nada». Eso es decir una idiotez. Al margen de que te guste o no, te garantizo que funciona. Frases cortas, con ritmo, párrafos cortos. Es clave esto, clave. Tienes que escribir con ritmo.

Te pongo de ejemplo un e-mail mío que mandé a mi lista (lo mandé el 29 de octubre de 2022 y me sirve para ilustrar esto y además, en el e-mail hablo de este mismo libro así que me hace gracia ponerlo como ejemplo). Este es con buen formato, tal y como lo mandé:

> **Cómo saber si tienes obsesión por el dinero o eres idiota.**
>
> El otro día mandé un e-mail hablando de mi nuevo libro.
> Y muchas personas (calculo que unos 25 millones de personas o 26) me preguntaron de qué iba el libro.
> El libro es sobre copywriting.
>
> Y una de las 25 millones (o 26) que me escribió para preguntarme por el nuevo libro aprovechó y me dejó su opinión no solicitada.
> Era una mujer.
> Los haters suelen ser hombres.

Hay más haters hombres según un estudio de la prestigiosa universidad de mis santas pelotas, pero esta vez era una mujer con algún tipo de problema sin resolver.
A ver, haber, haver.

Decía así:
«Sea como sea, no te pienso comprar el libro y por tu bien, no le pongas un título tan arrogante como el primero. Es obsceno tu obsesión por el dinero».

Madre mía.
Si a esta tipa le parece obsceno mi obsesión por el dinero, si le susurro mis perversiones al oído le da un infarto.

Bueno.
Como el e-mail iba con firma entré en Amazon y resulta que tenía un libro.
En el libro decía que era «un libro para entender la vida».

Con dos cojones.
O sea, alguien que dice que con su libro vamos a entender la vida llamando arrogante a cualquier otra persona del universo.

No creo que lo hagan aposta, es que son muy tontos. Son muy tontos, muy tontos, de verdad.

En fin, que hoy es sábado.
Y si quieres aprender copywriting y ganar dinero, mira aquí.

Hay frases más cortas, más largas, pequeños párrafos, separación entre algunas de las frases, en definitiva, hay ritmo.

Ahora mira ese mismo e-mail, idéntico:

> **Cómo saber si tienes obsesión por el dinero o eres idiota.**
>
> El otro día mandé un e-mail hablando de mi nuevo libro. Y muchas personas (calculo que unos 25 millones de personas o 26) me preguntaron de qué iba el libro. El libro es sobre copywriting. Y una de las 25 millones (o 26) que me escribió para preguntarme por el nuevo libro aprovechó y me dejó su opinión no solicitada Era una mujer. Los haters suelen ser hombres. Hay más haters hombres según un estudio de la prestigiosa universidad de mis santas pelotas, pero esta vez era una mujer con algún tipo de problema sin resolver. A ver, haber, haver. Decía así: «Sea como sea, no te pienso comprar el libro y por tu bien, no le pongas un título tan arrogante como el primero. Es obsceno tu obsesión por el dinero». Madre mía. Si a esta tipa le parece obsceno mi obsesión por el dinero, si le susurro mis perversiones al oído le da un infarto. Bueno. Como el e-mail iba con firma entré en Amazon y resulta que tenía un libro. En el libro decía que era «un libro para entender la vida». Con dos cojones. O sea, alguien que dice que con su libro vamos a entender la vida llamando arrogante a cualquier otra persona del universo. No creo que lo hagan aposta, es que son muy tontos. Son muy tontos, muy tontos, de verdad. En fin, que hoy es

> sábado. Y si quieres aprender copywriting y ganar dinero, mira aquí.

Fíjate en la diferencia entre uno y otro y hablamos de un texto de sólo 255 palabras. Únicamente 255 palabras. Si abres tu ordenador o tu móvil y ves el primer texto, le das casi seguro una oportunidad. Si te engancha con la primera línea, lees. Si ves lo segundo es muy probable que ignores todo el texto. Poniendo exactamente lo mismo. No tengas duda, da ritmo a la escritura.

El segundo consejo o recomendación que te hago es FORMATEA

Sobre todo en cartas de ventas (ya sabes, páginas de venta, donde en tu web ofreces tu producto, servicio, curso o lo que sea). Ahí los textos ganadores suelen ser largos. Funcionan, la gente sí lee, lo que pasa es que leen lo que les gusta, les apetece y va dirigido a ellos, pero leen una barbaridad. Y conviene aplicar lo de arriba, el ritmo, pero además conviene formatearlos. Para que me entiendas, esto es formatear:

> **Carta dirigida a personas**
> **que quieran cuidar su salud visual.**
>
> ---
>
> Pero antes de nada quiero comentar
> para quién NO va dirigido.
>
> **Este es un servicio al que sólo le podrán sacar partido aquellas personas** con el tiempo suficiente para asistir a todas las sesiones.

> **No es posible una recuperación optima sin tu compromiso.** Por favor, ten eso claro.
>
> Y si tienes cualquier duda, me mandas un e-mail.
>
> Sencillo.
>
> Pero bueno, de todo eso te hablaré más abajo.
>
> Aprenderás...
> √ Esto, aquello y lo de más allá.
> √ Lo otro y lo siguiente.
> √ Y así para entendernos...

Si te fijas, hay diferentes tamaños en las letras, negritas, subrayados, el símbolo √... Lo estás formateando. Esto es muy importante que lo hagas. Pero no te obsesiones. Hazlo como te dé la gana y a más te digan que no es bonito, mejor lo estarás haciendo.

Mira sin formatear:

> Carta dirigida a personas que quieran cuidar su salud visual. Pero antes de nada quiero comentar para quién NO va dirigido. Este es un servicio al que sólo le podrán sacar partido aquellas personas con el tiempo suficiente para asistir a todas las sesiones. No es posible una recuperación optima sin tu compromiso. Por favor, ten eso claro. Y si tienes cualquier duda, me mandas un e-mail. Sencillo. Pero bueno, de todo eso te hablaré más abajo. Aprenderás... Esto, aquello y lo de más allá. Lo otro y lo siguiente. Y así para entendernos....

El tercer consejo que te puedo dar es el siguiente: VOZ ALTA

Cuando escribas una carta de ventas, la *home*, no sé, algo realmente importante para tu negocio, léelo en voz alta. Hazlo diez veces. En serio, no es broma, hazlo diez veces. No te puedo pedir que hagas esto con cada e-mail que mandas, no sería práctico y es casi seguro que no lo harías, pero con una buena carta de ventas, hazlo. Es muy posible que puedas detectar fallos que no puedas ver de otra manera. Muchas frases repetidas, erratas (no pasa nada por tener erratas, pero mejor si las controlas tú, claro), falta de ritmo... Piensa que al leerlo en voz alta podrá *entrar* en ti de diferente manera que si sólo lo lees. Así que en mi opinión no solicitada de hoy, es una de las mejores cosas que podemos hacer.

Escribes tu carta. La guardas en un cajón. La dejas reposar unos días, no hay prisa. Luego la sacas y la lees en voz alta una vez. Y otra y otra y otra y otra... y así hasta 10. Si realmente te gusta, si te queda claro, si la entiendes bien... entonces, publícala.

¿Y cómo saber si es una buena carta?

Muy fácil. Te lo dirá el mercado. El mercado manda.

Un cuarto consejo: NO HAGAS CASO A TU PAREJA NI A TU MADRE

A ver, haber, haver... Las personas que nos quieren pueden tener muy buena intención, pero no tienen por qué tener razón. Es lo que hay. Entonces tú vas con toda la ilusión del mundo con tu web, con tu proyecto y se lo das a tu marido. A tu padre. A tu hermana. A tu prima. A tu mejor amigo, me da igual... Y lo primero que dicen es: «Es muy largo, la gente no lee». Y claro, te puedes venir abajo. Y el problema no lo tiene la carta (o a lo mejor sí, pero no será por esa opinión solicitada), el problema lo tienes tú por enseñar esa carta a personas que por más que te quieran, no son tu público objetivo.

Para que esto lo puedas entender mejor te cuento una anécdota. Hace unos años, iba con una carta de alrededor de 5.000 palabras (has leído bien, 5.000 palabras) debajo del brazo. Una carta que estaba funcionando realmente bien. Muy muy bien.

¿De qué era la carta?

Pues era para enseñar a hombres a ligar. Iba dirigida a hombres tímidos para que pudieran tener más seguridad a la hora de relacionarse con mujeres. Ese era el público objetivo. Hombres de todas las edades y diferentes estatus sociales a los que les costaba relacionarse con mujeres.

Esa carta se la enseñé a dos amigos. Uno de ellos estaba casado y no tenía ni ganas, ni tiempo ni intención alguna de ligar con nadie. El otro era todo lo contrario, tenía mucho tiempo y ganas e intención. Y además, ligaba mucho. O sea, ninguno de los dos tenía el dolor que tenía el público al que iba dirigida esa carta. ¿Sabes lo que me dijeron ambos cuando les pedí opinión sobre la carta? ¿Más o menos con las mismas palabras? La ojearon un poco por encima y soltaron: «Ufff, esto es demasiado largo, no lo leerá nadie. Está bien escrita y tal, pero hay que hacerla mucho más corta».

Aquello me hizo mucha gracia. Sabía que me dirían algo parecido. No lo sabía por ser muy listo o ser adivino, es que es una reacción muy natural cuando te dan una carta de miles de palabras sobre un tema que no te interesa lo más mínimo. ¿Qué vas a decir? «Ufff, esto es muy largo.»

Sin embargo, esa carta estaba funcionado extraordinariamente bien. Porque los hombres que sí tenían ese problema, ese dolor, al leerla estaban sintiendo que les hablaban a ellos. Y ellos querían resolver ese problema. No hay duda al respecto.

Por tanto, con la mejor intención, mucho cuidado con la gente que te quiere. Podrían no llevar ninguna razón. Si tienes dudas, mejor que juzgue el mercado.

Y el quinto es que folles y te bebas una pinta de Guinness de vez en cuando. No te vayas a convertir en un *hater* pobre de cabeza, de valor y de dinero.

19

Lección para envidiosos, casposos, *haters*, impotentes emocionales y bebés emprendedores en pañales. Uno de los grandes anuncios de la historia

Mira.

Quiero compartir un anuncio que a lo mejor conoces o a lo mejor no. En todo caso, me parece que debe estar presente en todos los que tenemos un negocio, pues es una obra maestra y una de las grandes lecciones de ventas (y de vida) que todos podemos recibir.

Tengo entendido que en algunas agencias de publicidad de EE. UU. se les da una copia de este anuncio a todos los que entran por primera vez a trabajar. Te pongo un poco en antecedentes para entender todo bien.

Este anuncio fue escrito por Theodore F. MacManus y se publicó el 2 de enero de 1915. El anuncio era para Cadillac y sólo se publicó una vez. Una sola vez. Sin lugar a dudas era un tipo de anuncio bastante *agresivo* para la época. Lo curioso de esta historia es que fue creado como respuesta a una campaña de uno de sus competidores, concretamente de Packard, que criticaba los problemas de calidad del nuevo modelo V15 Touring de 1915 de Cadillac. Antes de seguir hablando de este anuncio, considerado uno de los mejores de la historia, y de todo lo que podemos aprender de él, te dejo el texto, luego seguimos hablando.

Dice así:

La penalización del liderazgo

En todos los campos del quehacer humano, el que es el primero debe vivir perpetuamente en la luz blanca de la publicidad. Ya sea que el liderazgo recaiga en un hombre o en un producto manufacturado, la emulación y la envidia siempre están presentes. En el arte, en la literatura, en la música, en la industria, la recompensa y el castigo son siempre los mismos.

La recompensa es el reconocimiento generalizado; el castigo, la negación feroz y la detracción. Cuando la obra de un hombre se convierte en un estándar para todo el mundo, también se convierte en un blanco para los pozos de unos pocos envidiosos.

Si su obra es mediocre, se quedará severamente solo; si logra una obra maestra, le dará alas a un millón de lenguas. Los celos no sobresalen de su lengua bífida hacia el artista que produce una pintura común. Cualquiera que sea lo que escriba, o pinte, o toque, o cante, o construya, nadie se esforzará por superarlo o calumniarlo a menos que su trabajo sea sellado con el sello del genio.

Mucho, mucho después de que se haya hecho una gran obra o una buena obra, los que están decepcionados o envidiosos, siguen gritando que no se puede hacer. Pequeñas y resentidas voces en el campo del arte se alzaron contra nuestro propio Whistler como un *mountback*, mucho después de que gran parte del mundo le hubiera aclamado. Multitudes se congregaron en Bayreuth para adorar en el santuario musical de Wagner, mientras que el pequeño grupo de aquellos a los que había destronado y desplazado argumentaba airadamente que no era músico en absoluto.

El pequeño mundo continuó protestando que Fulton nunca podría construir un barco de vapor, mientras que el gran mundo acudía en masa a las orillas del río para ver el vapor de su barco.

El líder es atacado porque es un líder, y el esfuerzo por igualarlo es una prueba más de ese liderazgo. Si no logra igualar o sobresalir, el seguidor busca despreciar y destruir, pero sólo confirma una vez más la superioridad de aquello que se esfuerza por suplantar.

No hay nada nuevo en esto.

Es tan viejo como el mundo y tan viejo como las pasiones humanas: la envidia, el miedo, la codicia, la ambición y el deseo de superar. Y todo esto no sirve para nada. Si el líder realmente lidera, sigue siendo el líder. Maestro-poeta, maestro-pintor, maestro-obrero, cada uno a su vez es asaltado, y cada uno mantiene sus laureles a través de los tiempos. Lo que es bueno o grande se da a conocer, no importa cuán fuerte sea el clamor de la negación. Lo que merece vivir, vive.

Qué gran texto, qué gran lección de vida.

De este fabuloso anuncio podemos aprender muchas cosas. La primera y más importante es el manejo de los *haters*, que evidentemente, llevan toda la eternidad entre nosotros. Una forma magistral de enfrentarse a ellos, de humillarlos, de recordarles cuál es su sitio y cuál es el del líder.

Además, si te fijas, no menciona ni una sola vez la palabra *Cadillac*, nunca menciona la marca. Es un extraordinario ejemplo de cómo evocar una imagen mental sin ni siquiera nombrar la marca, algo que posiblemente sea lo primero en lo que todos estamos pensando: «Dónde encajar nuestro nombre».

Otro detalle es que el anuncio era todo texto. No había ni una sola floritura. Texto y sólo texto. No se utilizaron logos, ni tampoco imágenes de ningún tipo. Ya sean dibujos, ilustraciones... nada. Exclusivamente texto. El lenguaje utilizado es muy llano y sencillo (hay que entender la época y ciertas licencias en la traducción). Esto es algo que no me canso de repetir... Debemos utilizar un lenguaje muy sencillo, que sea muy fácil de entender e identificar por tu público. Lenguaje conversacional. No les hagas pensar ni le compliques la vida a la gente. Nadie se debe detener a pensar qué le estas diciendo, simplemente le tienen que asaltar las imágenes a la cabeza según nos lee. Sólo eso y nada más que eso. Las personas no vemos palabras, vemos imágenes.

Si vuelves a leer el anuncio verás la forma magistral en la que se enfrentó a las críticas estúpidas de la competencia. Sin nombrarlos (ni siquiera se nombran ellos), sin esconder la cabeza, haciendo alarde de su talento y su conocimiento del mercado, de su público, de su nicho. Esto último es de vital importancia porque en el mundo actual en el que nos movemos, a poco que destaques vas a recibir ataques, muchos de ellos muy poco elegantes, incluso completamente falsos, pero los vas a recibir.

Es lo que hay.

Por tanto, una buena manera de afrontar todo esto es precisamente con esa lección de redacción que tiene más de cien años. Desafiando el problema y haciendo una defensa de nuestros talentos. Porque una cosa está clara, si recibes ataques es porque lo estás haciendo bien. Así que deberías alegrarte. Debes aislarte de la rabia inicial y alegrarte por ello. Y aunque el camino más cómodo pudiera ser ignorarlos, esto es mejor. Burlarte de su envidia y de la mediocridad. Es muy divertido y rentable.

Al fin y al cabo es el pez que se muerde la cola: si nadie dice nada de ti, el problema es mucho más grave que si te quieren hundir. Si alguien se molesta en tratar de desprestigiar tu trabajo, es que haces un gran trabajo. Y si haces un gran trabajo, todo foco que pongan sobre ti, por malo que sea, es positivo a la larga. ¿Por qué? Porque nuevas personas podrán descubrirte y con tu trabajo derribarás todos los prejuicios previos con los que vengan. Por tanto, una lección como la de este anuncio siempre la debes tener presente, pues no sabes cuándo te podrá ser realmente útil. Nunca sabes cuándo, ni dónde ni por qué te llegará el ataque del mediocre, el ataque de la envidia.

Quizá todavía estés dando tus primeros pasos o lleves tiempo y todavía te está costando destacar... Pero si sigues, si eres perseverante, lo vas a lograr y cuando eso pase, verás las partes más bajas y feas del ser humano.

Envidia,
celos,
mediocridad,
impotencia,
rabia...

Y por todo eso, quería compartir contigo esta fabulosa lección de ventas y vida, que fue esta obra maestra de Theodore F. MacManus, cuya última frase me parece de una sencillez y una profundidad, que me pone los pelos de punta:

«Lo que merece vivir, vive.»

No temas el ataque. Debes alegrarte y aprovechar para vender todavía más. Cuando llega, es que vas por el buen camino. Sólo debes interiorizar esta lección que nos regaló este anuncio. Puede serte muy útil en cualquier momento de tu vida. Para mí siempre lo ha sido.

Recuerda...

«Lo que merece vivir, vive.»

Epílogo

En realidad... Escribo para follar

Cuando tenía quince años, pasaba casi todo el tiempo libre que me dejaba mi trabajo encerrado en mi cuarto. Me pasaba allí las horas. Casi todo el tiempo lo pasaba leyendo y mirando al techo. Sobre todo, mirando al techo. Horas y horas allí, haciéndolo todo, soñando. Siempre soñaba lo mismo, o ser un cantante famoso o ser un escritor famoso. Vivir de escribir y vender miles de libros o de llenar estadios. No paraba de soñar con aquello. Una y otra vez. Y en todos mis sueños había una chica conmigo, en todos. No existía esa chica, no era ninguna chica del barrio ni una conocida ni nada de eso. Sólo era una chica, como un alma, con la que soñaba. No me refiero a un alma gemela, me refiero a que no tenía una forma concreta, una cara concreta, sólo sé que era la chica más bonita del mundo. Eso es lo único que sabía. Tampoco tenía nombre, era la *mujer sueño* y ya está. Sólo eso, todo eso. Cada anochecer me quedaba mirando al techo para pensar en mis sueños, la música, la literatura y la chica. Siempre era igual y jamás me cansaba de soñar lo mismo una y otra vez. Desde niño fui un obsesivo que no tenía mucho interés en el mundo real, me gustaba más el mío. Un día pensé que para llegar a ser un músico famoso debería aprender a tocar la guitarra. Y eso hice. Me puse a tocar la guitarra y me juntaba con gente que tocaba otros instrumentos. Bajistas, baterías, ya sabes.

Cerca de casa había unos locales de ensayo y empecé a hacer amistad con unos tipos que me doblaban la edad, tendrían alrededor de treinta años. Eran yonkis. Se encerraban en el local y se pinchaban caballo o lo fumaban en papel de plata, persiguiendo una gota marrón con un tubo también de papel de plata. Parecían idiotas y felices haciendo aquello. A mí me ofrecían todos los días y uno de ellos, Manuel, siempre regañaba a los otros por ofrecerme heroína. Siempre gritaba: «No seáis cabrones, es un niño, que no pase de los porros y la cerveza». Yo estaba con ellos porque como eran un grupo de yonkis siempre faltaba alguno al ensayo, siempre. Entonces un día sustituía al bajista, otro al cantante o al de la guitarra o al de la batería. Medio aprendí a tocar todos los instrumentos gracias a ser amigo de un grupo de yonkis que tocaban punk. La verdad es que me lo pasaba muy bien y veía con mucha naturalidad que se pincharan y se quedaran allí, medio muertos, apoyados en una pared con el brazo colgando, el cuello colgando y la vida, sobre todo la vida, colgando. Idiotas. Felices.

Una tarde vino uno al que llamaban Alambre, con una novia también yonki. Estábamos ellos dos y yo, solos, en el local de ensayo. Empecé a tocar un rato la guitarra y la tipa se desnudó de cintura para abajo, bajó los pantalones al Alambre, se sentó encima de él y empezó a follar mientras me miraba. Nadie medió palabra. Ella y yo nos mirábamos, el Alambre me daba la espalda sentado en una silla. Acabaron, se empezaron a vestir y seguimos como si no pasara nada. Mientras se subía la cremallera, el Alambre me preguntó:

—Isra, ¿y a ti cómo es que te ha dado por tocar la guitarra?

—Para follar.

Nos reímos. Lo acababa de ver follar y fue lo primero que se me vino a la cabeza.

Aquella noche, ya en casa, me quedé pensado en el polvo del Alambre con su chica yonki, en su pregunta y en mi respuesta. Y no hacía falta ser muy listo para reconocer que eso que había respondido de broma era, en realidad, la verdad.

Había empezado a tocar la guitarra para ver si ligaba. Igual que escribía relatos y letras para canciones para ver si ligaba. Para conocer chicas, para follar o mejor aún, para encontrar a la mujer sueño. Quizá si lograra hacerme algo conocido ella pudiera encontrarme. En esas cosas pensaba aquella noche antes de irme a dormir. En la mujer sueño, en tocar la guitarra, en escribir y en que todo eso lo hacía para una sola cosa, para follar.

Si mi vida no hubiera girado en torno a la idea de conocer mujeres, no tendría motivación y sería vagabundo. Esa es la verdad.

Y un día, muchos años después, soñé que estaba con la mujer sueño y le conté mi teoría empresarial. Más o menos, este fue el discurso que le solté:

> ¿Sabes qué pasa? Que veo a todos esos tipos haciendo un montón de PowerPoints, análisis de negocios, tendencias de mercado y de consumo, veo cómo hacen un montón de reuniones y quieren entender a sus potenciales clientes. Todos tan serios y seguros de saber lo que quiere el consumidor final. Yo no podría montar un negocio pensado así, con ninguna de esas motivaciones. ¿Sabes cuál es mi gran motivación? ¿Lo que realmente me empuja cada día a tratar de ser mejor? Gustarte a ti. Que te ponga cachonda ver lo que consigo. Que veas cómo avanzo, cómo afronto las cosas, cómo trabajo cada día y me supero. Creo que si la gente tuviera su propia *persona*

sueño y se centrara en hacerla sentir orgullosa, si pensaran en eso por encima de todo, en ser mejores para llenar de orgullo a esa persona, nadie podría pararlos. Es la mayor fuerza del mundo. Es la mejor preparación empresarial que puede tener una persona.

Mira, mujer sueño, voy a ser muy sincero contigo. Yo quiero impresionarte, quiero que pienses en mí y digas: «Qué hijo de puta, qué talento y qué huevos tiene», quiero que estés orgullosa, excitada, impresionada y enamorada. Ese es todo mi plan de negocio. A tres años y a tres siglos. Y creo que es el mejor plan de negocios del mundo. Sacar la fuerza de ahí dentro, de esa motivación. Lo demás son añadidos. Proveedores, tendencias de mercado, análisis de datos, competencia... Todo eso lo podré superar si pienso en la mujer sueño, podré superar cualquier cosa si trabajo por el orgullo y el amor de los que amo. Podré doblar mi mundo, hacerlo gigante, si cuando tenga miedo, incertidumbre, pereza o bloqueos, pienso en el honor que me producirá tu orgullo, en que puedas pensar que hago algo grande y que merece la pena. Diminuto en el mundo, gigante en tu mundo.

Si mañana monto una cervecería, pensaré en ti, en cómo hacerlo para que estés orgullosa de mí. Si mañana monto una agencia de viajes o una piscina privada para focas africanas, lo haré pensado en que te excites y me mires con admiración. No se puede amar a quien no admiras. Eso es todo lo que tengo que saber de negocios. No hago negocios para ir a restaurantes caros, ni para comprar coches o relojes, nada de eso me importa, hago negocios para conquistarte a ti, mujer sueño. Si tenemos ese objetivo, tenemos el mejor plan de negocios del mundo. Porque por muchas hostias que nos demos, las vamos a superar todas, porque vamos a querer llegar a la cima y la cima eres tú. La cima siempre es otro. Nunca es un objeto, ni una casa, ni un millón. La cima siempre es otro. La cima siempre es la mujer sueño. Esto debería entenderlo cualquier persona que monte una empresa.

Nuestro cerebro sigue en taparrabos. Nos creemos muy listos y sofisticados, pero seguimos en taparrabos. Lo que queremos es reproducirnos, incluso aunque no queramos tener hijos, nuestros genes quieren sobrevivir y reproducirse, nada más. Montamos negocios para follar. Sabiendo eso es muy difícil triunfar en los negocios si no centras tu objetivo en follar. Quiero decir, en sobrevivir y reproducirte. Eso debe ser fuego duro en tu interior, sin eso, todo será más difícil. Mucho más difícil.

Por eso este será el trienio mojado, serán los años 2021, 2022 y 2023, donde mi único objetivo será ponerte cachonda con mis logros. Si me centro en eso, arrasaré. Si me pongo en plan empresario, seré uno más. Sólo quiero ponerte cachonda y orgullosa. Ese es todo mi plan de negocio y mi análisis de mercado.

Por eso escribo para ti, mujer sueño.

Y por eso el azul seguirá siendo mi color favorito. *Parasiempre.*